「いてくれてありがとう」

カウンセリング室で
初めてのアート体験

アートに興味のなかったクライアントが
自宅で描いた作品

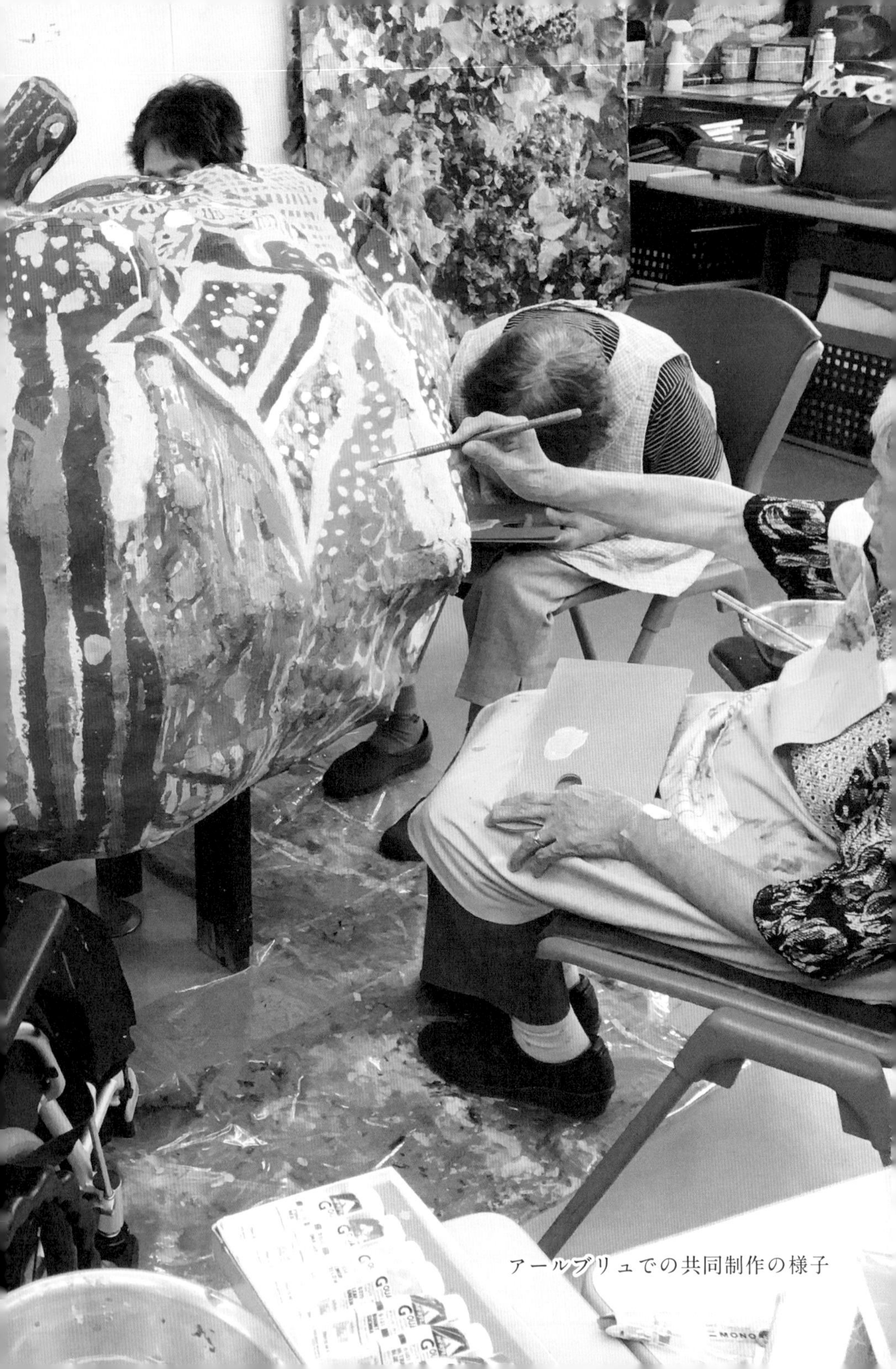

アールブリュでの共同制作の様子

著者の作品

水彩クレヨンのアナログ画

白菜の木炭画

白菜の木炭画を描く著者

生きるを励ますアート

関根 一夫 著
Kazuo Sekine

五感・マインドフルネス・臨床美術

クリエイツかもがわ
CREATES KAMOGAWA

まえがき

1996年に開始された臨床美術の現場に私は立ち会うことになりました。彫刻家の金子健二先生が、当時、大宮市医師会市民病院で認知症治療についての取り組みを考えていた脳神経外科医の木村伸先生を説得し、認知症の方々へ脳の活性化を促すリハビリプログラムとして、アートセラピーの実施をお願いしたことがきっかけでした。さらに、このプログラムを開始するにあたり、介護家族の方々のためのカウンセリングをアートプログラムとセットにして病院内で実施させてほしいと申し出たことで、芸術家・医師・カウンセラーというチームでプロジェクトを立ち上げることになりました。私は以前から友人であった金子先生に、介護家族の相談やケアについてのカウンセラーとして協力を依頼されていました。

会を始める前に何度か浦和市（当時）にあった浦和造形研究所で相談会を開催し、浦和造形研究所のスタッフであり、金子先生と私の共通の友人であった西田清子さんにまとめ役をお願いして、認知症の方々のためのリハビリプログラム、アートセラピー

「臨床美術」の誕生となりました。

臨床美術こそ、認知症治療や認知症予防のために有効なリハビリプログラムになり得ると信じていた彫刻家の金子先生は、「右脳で描く」というコンセプトを大切にしながら、画材は「本物」を使って五感を精一杯刺激し、その刺激によって認知症改善や予防を促すという考えで進めていくことを提唱していました。

医師の木村先生は、患者さんの脳波を測定し、美術活動前、活動中、活動後の脳の動きを数値で集めました。脳に対する刺激が何らかの有効な予防効果につながるのではないかとの考えからでした。同時に木村先生自身も診療の合間を縫って時間をつくり、臨床美術のセッション（ライブ感覚を重視した臨床美術の講座をセッションと称します）に参加して、患者さんたちと一緒にアートを楽しみました。そして当然、認知症の方々の体調のチェックを担当しました。

臨床美術を始めた3人
右から、金子健二先生、木村伸先生、著者

これらの活動のねらいは、「アート」「芸術活動」の楽しさと作品づくりにおける達成感によって脳の活性化をはかり、他の人たちと一緒に制作し、セッションを楽しむことによって他者との関わりを味わいながら、脳と心をやわらげるために何かできないだろうか、という意識でした。

また、臨床美術を開始した当初から、介護家族の方々に対するカウンセリング的な「愚痴をこぼせる場所」を提供し、同時に臨床美術に参加してもらいました。芸術活動を楽しみ、グループでのカウンセリングで苦労や不安を言葉にしてもらって、少しでも心理的負担の軽減につながればという思いがありました。

介護家族への働きかけは当初、病院からは難色が示されました。付き添いで患者さんを病院に連れてくる家族は、いわゆる病人、患者ではなかったからです。

私たちは「医療」と「福祉」の微妙な境界線に触れたような気分になりました。

金子先生が、「介護家族を放置したままで臨床美術を行っても、それは、患者さんのためだけの作業となり、ご家族の介護の負担の軽減にはつながりません。認知症は美術活動で完治することはないし、あくまでもリハビリですから、介護しておられるご家族にはきっと、心の支えや安心できる話し合いの場、分かち合いの場が必要だと思います。介護家族同士の悩みや不安を共有できるカウンセリングと芸術活動は、家族の心を励ますために有効・有益なものとして成り立つはずです」と医師や事務長を説得し、また木村先生の大きな助力もあって、臨床美術は病院の中で動き出しました。介護家族のためのグループカウンセリングは任意ではなく、必ず参加するプログラムとしてセットで始まりました。

最初の臨床美術の会は1996年2月の寒い雨の日でした。

金子先生は参加者と一緒に歌を歌い、雨の話をし、水道の蛇口から水が出てくるさまをみんなで見たりしながら会を進めていきました。

参加者の戸惑いもありました。

それは、参加者の患者さんたちは必ずしも芸術活動をしたくてそこに参加しているわけではなく、お医者さんに言われたからやってきたという方々ばかりでしたし、臨床美術とは何なのか、当時誰も知らなかったからです。

場を提供している私たちも何が起こるのか、よくわかっていませんでした。

しかし、金子先生の言葉には、明るく、楽しく、その場をなごませる説得力があり、内容も水道の水の出方や雨の降り方による水滴の様子など、芸術家ならではの視点による興味深い話で、一同、すっかり聞き入っていました。そして参加者たちは、知らず知らずのうちに夢中になって、水道から流れる水や雨の水滴などを描き始めました。

第一回目は介護家族の方々には臨床美術の現場を見学してもらい、その次の会からはカウンセリングが開催されることになりました。

どういうことになるのか、誰も知らない世界に向かって扉が開かれました。

初のカウンセリングの現場では、私が一番緊張しており、介護の状況を話してもらいながら「大変ですねぇ」「うーん、そうでしたか、それは大変でしたねぇ」という言葉しか出せませんでした。介護家族の生の声を聞くということ自体、私にとって初めての体験だったからです。

臨床美術は当初、認知症の方々のためのリハビリプログラムでしたが、東北福祉大学感性福祉研究所との学研的な実証活動などの共同研究もあり、徐々に保育園児から大学生まで、さらには仕事に疲れている社会人にとっても意欲の増大、好奇心の増進、人間関係における疲労回復などに有効であることがわかってきました。

臨床美術は「五感をフル稼働させながら描き、創る」という意識が根底に存在します。純粋な芸術活動です。

しかし参加する方々は必ずしも芸術活動に興味をもっている人ばかりではありませんし、美術は苦手という学生時代の負の経験をもっている方が多いので、無理やり「芸術活動に参加しなければダメですよ」というような態度ではなかなか「和気あいあいとした、支援的な会」は成り立たないことがわかってきました。

私たちは「存在論的人間観」（CHAPTER 1参照）を共通理解として会を始め、「いてくれてありがとう」の心をスタッフも参加者も共有することに十分時間をとることから始めていこうということになりました。

つまり「うまい・へた」という評価をつけずに作品を制作し、鑑賞し、喜びや感動を分かち合える場を提供しようとする方向性を大切にしたのです。

臨床美術はこれらのことを大切にしながら始まったのですが、私はカウンセラーとして家族との関わりへの意識を大切にしすぎるあまり、直接、臨床美術活動そのものに触れることがありませんでした。

実際、私が臨床美術の楽しさ、作品づくりの喜びを味わえるようになったのは金子先生が２００７年に亡くなってから9年もたってからのことでした。

今、考えると、本当に残念なことをしたと思っています。後悔しています。

金子先生から直接学ぶ機会が山ほどあったはずなのに、まったくそういう時間をとらなかったからです。

遅まきながら、私自身が臨床美術の制作を経験させてもらう機会を得てから、臨床美術の楽しみ、励ましや慰めを体験しました。

著者の作品 ――

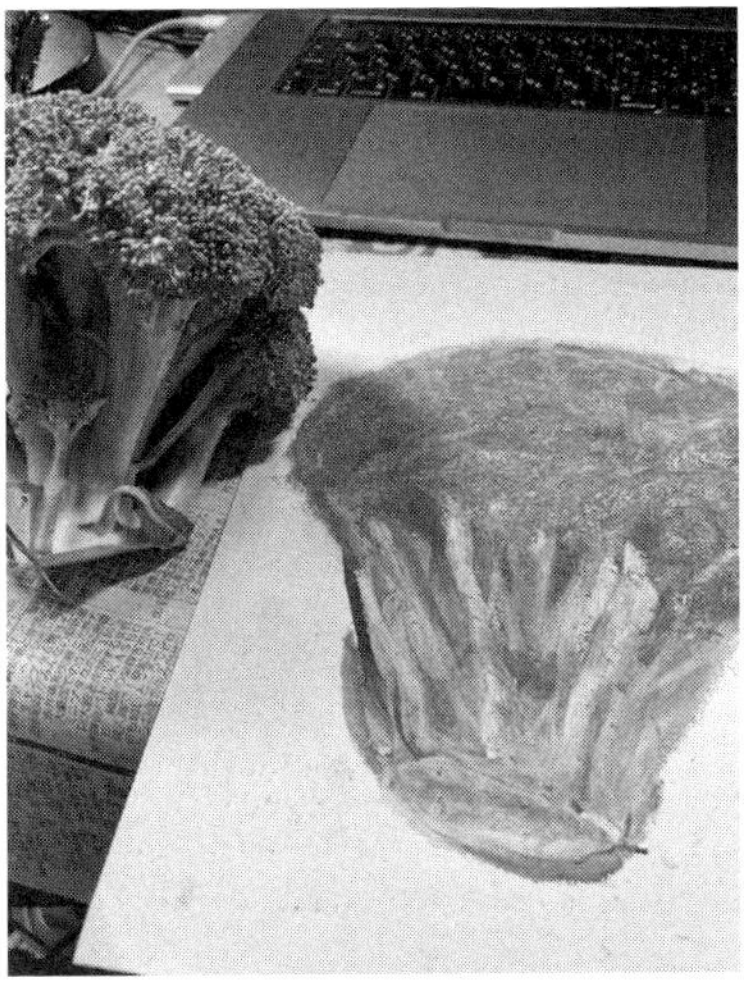

ブロッコリーを描く

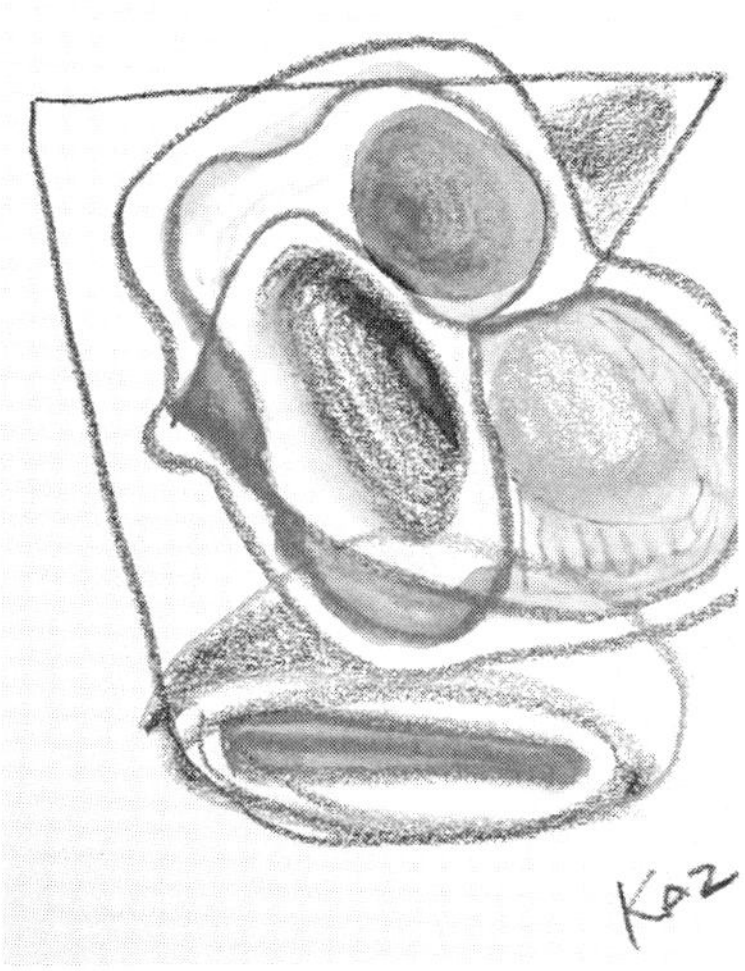

水彩クレヨンのアナログ画

りんごの量感画

白菜の木炭画

最近では、木村伸先生が院長を務める医療法人社団信悠会木村クリニックでのカウンセリングの中で、短い時間ですが、クライアントと臨床美術のセッションをもつ機会も増えています。その出来事の中で、臨床美術における新しい魅力をいくつか発見したような気がしています。

言葉少なく、緊張し、自分のことを語り出せないクライアントの心に、水彩クレヨンなどを用いて一緒にアナログ画を描いていくことで、少しずつ言葉が表現され、自分の描いた色や線に対して比較的自由にコメントしてくれるようになり、カウンセリングの導入として、とても心地よい時間になっているように思います。

つまり、臨床美術が本当に身近なところで不思議な作用をもたらしていることに私自身、驚かされています。

アートの力と臨床美術の今日的な役割について、感じるままに記してみたいと思います。

2024年3月

関根一夫

CONTENTS

コラム

「臨床美術」及び「臨床美術士」は、日本における株式会社芸術造形研究所の登録商標です。

CHAPTER

1

臨床美術と存在論的人間観

臨床美術の活動が始まってまもなく私たちは、臨床美術士育成のための学校や講座が必要だと考え、その養成のための組織をつくることになりました。相談を受け、私はその学校の名前を「アートセラピー・ベテスダ」とつけました。ベテスダというのは聖書に出てくる池の名前なのですが「恵みの家」という意味があり、その池で癒やしがもたらされたという話があるのです。

この臨床美術そのものを意味し、臨床美術士たちも含めて「恵みの家」での癒やしに触れて、活動をしてほしいという願いがありました。

養成プログラムの中には臨床美術士のあり方の基本、人間を理解する基本的理念として「存在論的人間観」があります。この考え方を土台にして様々なアートのテクニック、作品制作の方向性などを積み上げていくような体制がつくられました。

現代社会は「機能論的人間観」（CHAPTER 2参照）に満ちていて、「能力のあるデキる人」「うまい人」「優秀な成績を残した人」には居場所があるけれど、そうでない人は「居場所がない」「できないからダメだ」「存在価値がない」などの不安を感じています。自己肯定感が育つ場所もなく、「消えてしまいたい」という衝動に駆られるほど厳しい評価の世界に身を置いている現実があります。

機能論的人間観という発想によって、弱者の立場に追い込まれた認知症の方々、疲れ果ててついつい愚痴ときつい言葉が多くなりがちな介護者に対して、「存在そのものを大切なものと考える発想」「その存在といのちに対して、いてくれてありがとうの心」で包むことができたら、おそらく「心が元気になる土台」の提供につながるのではないかと私は考えました。

同時に、それは相互作用なので、「いてくれてありがとう」を伝えながら、スタッフとして一緒に作業している臨床美術士たちにとっても、同じように「いてくれてありがとう」の心が参加者から返ってくることを経験できるはずだと考えました。

「貧しい絵描き」という表現を金子先生はよく用いていましたが、そういう立場の画家たち、芸術家たちが臨床美術を通して「居場所がある」と感じられたら、そこにも大きな意義があると思いました。

「機能論的人間観」と「存在論的人間観」

私は臨床美術士のための講座の中で「機能論的人間観」と「存在論的人間観」ということを語り、私たちはこの二つの人間観の間にある「人をどう見るか」の違いと、その結果もたらされる「競争と孤立感」、あるいは「居場所を感じる共感と絆」について語ってきました。

そして、「いてくれてありがとう」を「言葉と笑顔、行為」によって丁寧に伝えていくことができたら、臨床美術の現場は「居場所を感じられる場」になるはずだと訴えてきました。

「機能論的人間観」とは機能を重視し、できることを是とし、それをもってその人の価値を評価づけるという考え方です。

つまり、点数をつけて評価し、能力的に優れている人こそ高い点数を与え、逆にできない人には低い点数がつくので自他共にダメな自分というレッテルが貼られてしまうことを是としてしまう考え方です。それは気をつけないと、できる人ができない人を軽蔑し、差別することを是としてしまうような発想です。

というより、低い点数の人は自分で自分を「立場のない、肩を並べることのできない無能な存在」と決めつけ、落ち込んでしまう状況をつくり出しかねない発想なのです。

もちろん、人間は個人個人、それぞれ機能的、能力的に優劣の評価を受けることはあります。それには重要な意味があります。たとえば、何かの免許を取得するためにはそれなりの課題を機能的、能力的に克服しなければ意味がありません。努力して能力を磨き、様々な事柄ができるようになることはすばらしいことだと思いますし、大切なことです。

しかし、それがその人の全人格的な評価となってしまってよいのだろうかと私は疑問をもちました。

病をかかえる認知症の方々が、「なんだか頭が悪くなってしまってねぇ」とか、「すっかりバカになってしまって困ってるんだよ」と自分の頭をたたきながら嘆いている姿をよく見かけたからです。つまり「いろいろなことができなくなってしまったことを嘆いている認知症の患者さんたち」が大勢いるのです。それらの方々の悩みは深刻であり、自分に対しての落胆や怒り、自分を理解してもらえないことへの憤りなどから、かなり激しい攻撃的な態度を表明することも少なくありません。

自分の存在など「無益で無意味だ」と感じさせてしまう社会は、弱者に厳しすぎる世界だと思います。でも、機能論的人間観が主流の世界はまさに、それをつくり出すものだと思うのです。

「できる、できない」という仕組みにのみ「自己肯定感」の土台を置いていると、できている間はいいのですが、病気やケガなど、様々な事情で今までのようにはうまくできない自分に気づいたとき、自分の存在価値の下落を実感し、落胆は大きく、立ち直ることがとても難しい状況に陥ってしまいます。

一つでも他者より劣っていることを意識してしまうと、自己否定や自己憐憫の感情が生まれ、自己肯定感が崩れていきます。「消えたい」とさえ言い出します。そして社会全体の空気としては、それを「自己責任」という言葉で処理してしまおうとする傾向をもっているように感じます。

「存在論的人間観」とは、「できることはうれしい、できないことは残念だと認めつつ、とにかくあなたがそこに存在し、生きている」ことを尊いとして受け止める人間観です。あなたが生きていること、あなたが存在していること自体が大切、重要であり、あなたが存在しているからこそ、絆を感じ、学習ができ、一緒に喜んだり悲しんだりという感情の共有ができると促しながら、「生きていること、存在していることを励ます発想」そのものです。

相手の存在を「機能論的人間観」を土台に受け入れて関係を深めようとするのか、それとも「存在論的人間観」を土台にして関係を深めていくのか。

そこから生まれる結果には大きな違いができてくると思います。

おそらく、現場によっては「機能論的人間観」以外に考えられない部署もあると思います。それゆえに結びつく働きをしている場所がきっとあると思います。それは止むを得ないことなのかもしれません。

しかし、臨床美術においては「存在論的人間観」を土台にしないと、そこに集まる参加者の方々は「認知症による自己肯定感の喪失」と闘っている人たちなので、意欲的になれず、不安ばかりが増大してしまうことになるのです。「存在が肯定されることが少ない」と意欲的になれない、参加し続けることが難しくなってしまうことがあるのです。「精神的な居場所の確保」「安心感」などを味わうことができる存在論的人間観による関係が、認知症の方々ばかりではなく、その家族の中にも、いいえ、すべての人間関係、家庭、会社、社会の中にしっかり、丁寧に浸透してほしいと願っています。

臨床美術の現場のみならず、人間関係が築かれていくプロセスの中で「相手の存在を、ありのまま受け止める」作業は重要だからです。認知症の方でも「受け入れられているか」「拒否されているか」「いても大丈夫か」「いないほうがよいのか」ということについての意識は、非常にはっきり働いていることが知られています。

様々な認知機能は衰えているにしても、感情とプライドは活発に稼動していて、自分の存在が軽蔑されているのか、歓迎されているのか、はっきり自覚していることが多いのです。

実は、2004年に「痴呆症」という名称が「認知症」に変更された背景には、「痴呆」という言葉が侮辱的、屈辱的であるという意見が多かったからだ、と認知症の研究者としてリーダーシップを発揮してきた長谷川和夫医師は、著書『ボクはやっと認知症のことがわかった』（KADOKAWA、2019）の中で述べています。

ドキュメンタリー映画『ぼけますから、よろしくお願いします。』（信友直子監督、ネツゲン配給、2018）に登場する認知症の奥様が変わっていく姿からはまさに、感情とプライドによる葛藤が手に取るように伝わってきます。そこには認知症になった奥様からの「存在論的人間観」で受け止めてほしいという切実な嘆きが描かれています。

認知機能に不具合が起こり、記憶があやしくなって、感情表現や言葉での応答が難しくなっている認知症の方でも、発病前と同じように、あるいはそれ以上に感情は敏感に反応し、ある事柄については明確に認識できているのです。

「おもしろい」「楽しい」「うれしい」「好き、嫌い」の反応は以前より遅くなっているかもしれませんが、自分が受け入れられているか、軽蔑されているか、居心地がよいか悪いか、という応答表現は明確に存在しています。

私たちは機能論的な価値判断に慣れているので、どうしても「うまい・へた」「点数でいうと何点」というような評価をしてしまいがちですが、そうすることによって相手にもたらす「失望感」「あきらめ」「落ち込み」「居場所がないような気がする」という意識に、もう少し敏感になる必要があると感じます。

「存在といのち」の肯定として「いてくださってありがとうございます」「お会いできてうれしいです」「来てくださってありがとうございます」「これはきれいですねぇ」「それはよかったですねぇ」「それは大変でしたね」などの応答は、「相手に対する肯定感」の提供と「相手に居場所を感じてもらう」ために有効なものだと思います。

これは臨床美術に限ったことではありませんが、臨床美術を実践していくために、特にセッションにおいては土台に据えられるべき発想だと信じています。

参加者の方々が会場にやってきたときの「来てくださってありがとうございます」「いてくださってありがとうございます」というスタッフからの挨拶の声かけは、参加者の心深くに届きます。そこには「尊敬」「親愛」の雰囲気があふれているからです。

同時に相手の名前を丁寧に呼ぶこともとても大切だと思います。認知症が進んでも多くの方は自分の名前をはっきり認識しています。既婚の女性の場合、旧姓のフルネームで声をかけると、きちんと返事をもらえることが多くあります。

臨床美術においては、「存在論的人間観」による土台が必須なのです。

私は臨床美術が開始された当初から10年以上、介護者の方々のカウンセリングを担当していました。その中で「悩んでいるのは自分だけではありませんよ」「お互いに意見を交換し合って介護に役立つ知恵の共有をしましょう」「本当にお疲れ様です。少し心を休ませる時間にしてください」ということを願い、伝えながら、別の部屋で患者さんたちが臨床美術を実施している2時間足らずの間、分かち合いの時間をもちました。

私は、そこでよく「これから向こう1か月の間に、ぜひ、今日一緒に病院に来ている奥様やご主人に『いてくれてありがとう』、『ありがとう』を伝えてくださいね」と勧めました。

これがなかなか難しいようなのです。言われたらうれしいだろうとわかっていても、実際に言おうとすると照れくさいし、恥ずかしくて、とても言葉に出せませんという方がたくさんいました。

ところがちょっと勇気を出して「いてくれてありがとう」と丁寧に伝えることができると、そこにはなんともいえない温かい雰囲気が生まれ、笑顔が増えてくるのです。


私は、そこに集まった介護家族の方同士で「いてくれてありがとう」の挨拶を練習のつもりでしてもらうことにしました。

それを伝え合っているうちに雰囲気が明るくなり、お互いに話し合うようになったり、分かち合えるようになっていきます。カウンセリングの場でしか会うことのない家族が互いに共感し、感動し、涙を流している場面をたくさん目撃しました。そして、その次の会にはお菓子を持ち寄ったりしてまるでピクニックのような会合になり、家族が楽しみにできる「居場所」になっていることを本当にうれしく思いました。

それらは、まさに「存在論的人間観」がもたらす不思議な作用であり、家庭の中で簡単に実行できるのも挨拶であると思います。でも、練習後にも「難しいもんですなぁ、犬や猫には言えるのに、うちの女房にだけはなかなか言えません」という方が多かったのも事実です。

「いてくれてありがとう」は大切な言葉です。

アールブリュの作品展示風景「カミザラエザラ」

CHAPTER 3

臨床美術体験からの気づき

2016年春、横浜で臨床美術士の有志たちによる小さな展示会が開催されました。私は誘われるままにそこに足を運びました。

そして何人かの臨床美術士たちと話しているとき、「関根先生も臨床美術やっておられるんでしょ。楽しいですよね」と声をかけられハッとしました。

私は1996年から臨床美術活動には関わっていましたが、臨床美術体験は皆無だったのです。

カウンセリングの役割だけに自分を制限していたこともありましたし、心のどこかに美術で褒められたことはないし、それほど興味もないなという醒めた思いもありました。

「臨床美術の体験、ないんですよ」と言うと、「それはもったいないですよ、やらなきゃダメですよ」と迫られました。
「わかりました。やってみます」ということで、私の個人的な臨床美術体験が始まりました。実はこれは創始者の金子先生が亡くなってから9年もたってからの体験だったわけで、このときほど、自分の鈍さを悔やんだことはありませんでした。

幸い、2003年からカウンセリングを担当していた木村クリニックには併設されている通所リハビリテーション施設アールブリュがあり、そこのスタッフは全員が臨床美術士で午後のプログラムは毎日臨床美術の制作でしたので、仕事の合間を利用してずいぶん臨床美術のセッションに参加させてもらいました。

私の臨床美術体験における最初の衝撃は、「りんごの量感画」でした。りんごそのものを描く前の準備として本物のりんごと向き合い、観察。パステルの使い方やその流れは、まるで魔法にでもかかったような気分でした。そもそも、どんなリンゴになるのか、本当に描けるのか、まったく自信はありませんでした。でも、描き上がったときの感動はそれまで体験したことのないほどのものでした。「あー、これじゃ、みんな楽しいはずだ！」。

私は本当にそのセッション全体の流れに魅せられました。

早速、通信講座で当時提供されていた通信制感性アートゼミに申し込み、「色彩コース」、その後「造形コース」を受講し、仕事の合間を縫って作品づくりの学習をしました。あるときには直接、造形研究所に行ってスタッフから指導を受けました。

臨床美術は体験してみて初めてわかる「不思議な世界」なのだなと感じ、同時に臨床美術体験は五感をフルに用いて、素材と向き合い、画材と向き合い、色や線と向き合い、さらには他の人の作品と向き合う作業なのだなと実感しています。

それらの活動の土台は「五感による観察と気づき」であり、それによって感動が内側からわき上がってきて、制作作業に熱が入るのだなと感じました。

私が以前から、臨床美術士養成のために不可欠だと考え教えてきた「いてくれてありがとうの心」「存在論的人間観」は、臨床美術士が教えたり、実施したりするものというより、臨床美術を実施していく中で「自然発生的にもたらされる不思議な雰囲気」の一つなのだと強く実感できるようになりました。

ファシリテーターとしての臨床美術士が一緒に制作をしている利用者さんたちとの間に、また席を隣にしている利用者さん同士の間に、「お互いの作品を覗き込みながら」の実に温かい空気が生まれるのです。そこには「いてくれてありがとう」の雰囲気が存在します。利用者さんとその作品の間にも、利用者さん同士の間にもその雰囲気があふれます。そして、不思議なほど明るく、笑顔に満ちているのです。

私は臨床美術の歴史を見てきました。患者さんや介護家族の方々が喜んでやってきて夢中になって描いている姿を見てきました。でも、自分自身で臨床美術そのものに触れてから、臨床美術が生み出す「温かい雰囲気」「垣根が下がっていく雰囲気」「それぞれが自分のままでいても大丈夫な雰囲気」を肌で感じ、これは一体どこからくるのだろうと考え始めました。

臨床美術は創設当時からその活動自体について、つまり「参加者への配慮」と「描くこと」についてはこだわりがありました。

そして、その根底には言葉では説明しにくい「五感による感じ取り」という作業が丁寧にセッティングされていることに気づきました。

もしかしたら、臨床美術は「五感による感じ取り」がすべてではないのか、と考えるようになっていきました。

CHAPTER 4

臨床美術における五感による感じ取り

臨床美術の生みの親である金子先生は、本物を目の前にして、その素材に向き合い、見つめ、その色と形、匂い、感触などに注目し、観察し、それをじっくり味わってから実際に描くことを強く勧めました。まさに五感をフル稼働させて素材を観察し、気づき、それから色や形をその観察と気づきの中に置いていくという作業です。

その素材の多くは比較的身近にあるものが多く、たとえば「たまねぎ」「さつまいも」「ピーマン」「にんじん」「りんご」「白菜」「柿」「ほうずき」「バナナ」など。さらに「ウサギ」「金魚」「鮭」「ししゃも」「さんま」なども用いられています。

それらの品々は比較的なじみのある素材なので、それ自体を目にしても驚きは少ないのですが、実際に観察し、どんなふうに食べるのか、最近この食材を食べたことがあるか、色に注目してどんな色があるか探してみましょうなど、一緒に観察し、気づいたことや感じたこと、情報を分かち合っていくと、なごやかな中で、発見の喜びや、驚きの声が多く上がります。

一般的には「リンゴは赤」「バナナは黄色」という根強いイメージで認識されているので、実物を見ても、それ以外の色彩をあえて感知しようと思いません。左脳がさっさと働いて、概念的な要素を心に語り、伝えてしまっているのです。それはまさに五感に蓋がされているような感じです。

ところが、りんごを手に取り、重さを感じ、香りを感じ、少し食べてみて味を感じ、りんごの皮の色を観察してその色彩の豊かさを感じ取れたとき、それは多くの人にとって驚きとなり、好奇心や興味の喚起につながっていきます。

この「観察」「気づき」という作業は臨床美術の活動の中では重要な位置を占めています。作品を制作するということのみを目指すのではなく、人間のもっている五感を十分に発動させて、制作の前にその素材を観察し、その観察の中にすでに感動のタネが撒かれていることに気づくことで、様々な意識の広がりが表現されます。

この感じ取りの作業をしているときには、その素材に集中しているので、他の物は目に入らず、気持ちはその素材に、今の自分の感覚に、ここにある「これ」に集中しています。

「いてもよいのか悪いのか」ということも「自分にはできるのか」という不安も頭の中から消えて存在せず、その素材観察に夢中になっているので、ある種の「気づきと感動への糸口」が準備されていることになります。

臨床美術の現場では、この感じ取りの作業をしているときにはしばしの沈黙があり、やがて、「わー、きれい」「オー、ここにこんな色が」「こんなにザラザラしているのに初めて気がつきました」、などの声が上がることがよくあります。新しい発見や気づきです。

この観察を通して、「素材に対する再認識、再発見、新発見」がもたらされ、それまで気づけなかったことへの認識がなされることで、脳の活動が活発になるばかりでなく、興味の喚起、さらには向き合って観察することのおもしろさ、その大切さが、臨床美術の活動に関わるすべての人に認識され、五感による「響き合い」の世界が共有されることになるのです。

認知症の方はものを選び取ることが苦手になっている場合があります。「面倒くさい」という感じを強くもってしまっていることがあるのです。

ですから臨床美術のセッションでは「ご自分の好きな色を2色選んでみてください」とか、「パステルを立てて線を引いてみてください」とか、「パステルの腹の部分で線を引いてみてください」というガイドによってこれからどうなっていくのだろうという期待や、この色とこの色が混じり合ったらこんな色ができたなどの発見をもって制作にあたります。それもまた五感を目覚めさせるための大事な手法だと思います。

細い線、太い線、直線、曲線、様々な色、そして混色のおもしろさなどは、「うまい・へた」ということではなく、五感を刺激させるためにとても有効なものとなります。

五感を働かせながら素材を見るという作業の進展の中で、自分の作品に対しても、他者の作品に対しても、「五感」による「感じ取り」

を分かち合うことができるようになっていくのです。

つまり「うまい・へた」という評価ではなく「この色は鮮やかですね」とか、「この線は力強いですね」という好意的な感じ取りのやりとりができるようになってくるのです。

これについては担当している臨床美術士によるガイドが必要になりますが、「いいなぁ」「きれいだなぁ」と思う部分の分かち合いは、五感の発動が必要なだけではなく、「いてくれてありがとう」の意識も混ざり合ってのやりとりになるので、心地よく感じる発言が多くみられます。

そのように評価された相手は心の中に喜びを感じ取り、お互いに「五感の反応による応答」を共有することができるのです。

そこで味わわれる感動や喜びは、それまでの「うまい・へた」という評価や点数によるものではなく、「ありのまま」を受容されたことからもたらされるものであり、「居場所を感じられる」喜びとつながっていくのです。

臨床美術のセッションを準備するとき、五感の発動を促すガイド役である臨床美術士の役割はとても重要です。

この作品はこういうふうにつくればうまくいくという「工程」だけを知っていても臨床美術的には不十分だからです。その作品に向かう前の導入時点で、何をどのように説明し、何を感じてもらうのか、どこに注目してもらいたいのか、五感を活かすための様々な工夫をしなければならないからです。そして臨床美術士自身が本気で驚き、感動し、興味をもってセッションにあたる態度がとても重要なのです。観察も気づきも、そのとき、そのとき、本物でなければなりません。感動は本物でなければ、しらけてしまうでしょう。

同時に臨床美術士はセッションを準備し、ガイドすることを託されていますが、臨床美術士は参加者とセッションをしているので、参加者との関係性は「対等なコミュニケーション」を可能にするものだということです。

臨床美術での五感の発動によるコミュニケーションは決して講師が生徒に対して何かを感じさせるように仕向けたり、講義するというものではなく、生身の素材を互いに感じ合いながら、分かち合うものなのです。そうすることで、セッション全体の流れの中に「教える側」「教わる側」という壁はどんどん低くなっていき、対等に感じ合える交流の場になっていくということなのです。

それは、まさに「孤立化」を防ぎ、つながっていることを自覚でき、居心地のよい分かち合いの場となっていくでしょう。

私は臨床美術を一緒に支えてきた木村先生が院長をしている木村クリニックのカウンセラーとして20年以上、多くの方々の悩みを聞いてきました。

臨床美術を経験した2016年以降、デイサービスでは折に触れてウクレレで一緒に歌い、また臨床美術に参加しています。

併設されている通所リハビリテーション施設アールブリュでの利用者さんたちに混じっての制作体験は本当に楽しいものです。

そこでのスタッフたちの「存在」の大きさには目をみはるものがありました。

制作導入までの様々な「ストーリー」「説明」「素材にまつわる写真や実物との接触」など、目の高さを利用者さんたちに合わせながら、リーダーは五感による発動を促します。何を創るのか、何を描くのかという説明の前に、五感をフル稼働させ、素材との様々な関わり、観察、味わいなどに十分時間が使われていきます。

臨床美術士が素材と制作者を結ぶファシリテーターになっています。五感で感じ取ることへの手引きをする役割を担っています。

素材があって感性があっても、それだけでは臨床美術は成立しないように感じます。

素材と利用者さんたちの間に臨床美術士が介在し、一緒にあれこれ観察を促して五感の発動を刺激する中で、利用者さんたちが「色の輝き」「形の不思議さ」「重さの感覚」などに対する発見や気づきの喜び、驚きを経験するのです。そして、その感動を創作の中に表現し美術活動が盛り上がっていきます。

以前、アールブリュのスタッフの一人にインタビューをしたとき、彼は「私が状況を説明して、みんなが五感を働かせて夢中になって制作し、その間、私はその部屋の隅でウエイトトレーニングとかができるくらいのセッションになると最高です」と語ってくれました。臨床美術は「教えて創る」ものではなく「感じ取りながら自然に創る」ものなのです。

そのためにこそ、制作導入のときには臨床美術士の存在は必須なのです。慣れていない五感の発動を促す役目があるからです。そして、それは本当に大切な作業であり、臨床美術の根幹の部分だと思います。

そして、制作が終わった頃、それを確認し、鑑賞会を促すことも臨床美術士の大事な役目です。そこでは、制作者同士の作品をよく観察し、好きな部分、素敵な部分を伝え合うことがメインなのですが、そこでも臨床美術士の「作品と制作者に対する視点、視線についての観察と気づき」が重要な意味をもちます。

「好感や好意、感謝、感動」の分かち合いになるからです。

それが進んでいくと、その現場のお互いの間にある垣根は本当に低くなっていて、コミュニケーションのとりやすい空間となっていることに気づきます。
「先生と生徒」という関係や「スタッフと利用者」という関係も取り除かれて「一緒に美術を楽しんだ仲間」という意識がどんどん育っていき、「心地よい居場所」という感覚が深まります。おかげで木村クリニックのデイサービスは欠席者が少ないのです。コロナ禍が押し寄せている中でもデイサービスは休みませんでした。利用者からの熱望があったのです。

私が近年興味をもち、研究している「瞑想」「黙想」などにおいても五感による観察、注目、気づきがとても大切なものとして語られているのですが、臨床美術の根底に流れているものとの共通項を感じざるを得ませんでした。

CHAPTER
5

五感の発動とマインドフルネス

「五感による観察」の大切さや人間存在における重要性は、決して臨床美術によって始められたものではありません。

「マインドフルネス」という言葉で表現された「気づき」「観察」「瞑想」による解放、安心、喜びの境地について、すでに様々な説が表明されているからです。

しかもマインドフルネスはまさに臨床美術が大切にしている「本物の素材のありのままを観察する」という要素と、五感のフル稼働による観察と気づきをさらに深める形で表現されており、「今」「ここ」「あるがまま」を受容する姿勢が唱えられています。

マインドフルネス（mindfulness）とは、黙想などで「無」を感じるということではありません。

むしろ、私たちが知らず知らずのうちに意識の中に形成している価値判断や自己分析、あるいは心配事などをいったん手放して、肌で風を感じるために目を閉じ、そのことだけに集中したり、自分の身体の部位に意識を向けて「今」「ここ」「あるがまま」を感じ取ることに集中したり、内側からの気づき、感じ取りに注目するのです。目を開いていればそれは丁寧な観察とつながります。

「あ、風を感じている自分がいる」「歩いている自分がいる」「静かに呼吸に集中している自分がいる」などと感動することは日常ではあまりありませんが、マインドフルネスの中ではそういう気づきが心地よい「自己認識」につながって、開放感を味わえることが多いのです。

マインドフルネスの指導者として有名なのはベトナム人の禅僧ティク・ナット・ハン（1926－2022）。1982年に南フランスのプラムヴィレッジ瞑想センターを設立し、社会活動と瞑想指導を始め、それが大きな広がりを見せています。

現代人は一般論として「自分の存在の拠り所」を「できる自分」「認められている自分」というところにもっていきやすい傾向があるように思います。

つまり、必要以上に「評価」や「他者からの視線」に意識を向けすぎているようにも感じます。

「人の目を気にせずに、自分自身が何を感じているのか」「自分で自分を裁くこともせず、自分の心を素直に見つめられるか」という点について、マインドフルネスは極めて明確に「自分自身の『今』『ここ』『あるがまま』」を認識させてくれるものとして有益なのだと思います。

さらにいえば、現代人の中には「効率化を求める」あまり、「コスパ」「タイパ」と呼ばれるように「観察」「注目」などに時間をとることとなく、とりあえず簡単にすませることができればよいという空気が蔓延しています。エレベーターを待つ時間、交差点の信号を待つ時間さえイライラしてしまうほどの忙しさ、慌ただしさにあふれています。

ちなみにコスパとは、コストパフォーマンスの略語。費用対効果。支払った費用（コスト）と、それにより得られた能力（パフォーマンス）を比較したもので、少ない費用で高い効果が得られれば「コスパが高い」と表現されます。「費用」は金銭だけでなく時間・労力・精神的負担なども含まれ、「パフォーマンス」は、作業なら結果、工業製品なら性能、食べ物なら味、ファッションなら材質・デザイン性、人間関係なら他人から得られるものなど、様々なことに使われます。

少ない時間で満足度の高い経験が得られたと感じられるとき、その行動は「タイパがよい」と表現できます。タイパは「効率」や「生産性」という言葉に言い換えることもできるでしょう。

効率や効果のみを追求する姿勢の中に「観察」「気づき」「今」「ここ」や「比較せず、裁かず、あるがまま」を意識する空気は育ちにくくなっています。それは常に追い立てられ、比較の中に身を置いている生き方に通じています。

臨床美術やマインドフルネスとは真逆のところに置かれている生き方かもしれません。

思い煩いや焦りからの解放が必要だと感じている現代人は多いと思います。

五感を発動させることによる観察、マインドフルネスによる気づき、それらによる解放の喜びを現代人は見失っているように感じます。

2018年3月21日、私は趣味のカメラを持って箱根の旅館にいました。

大雪、そして大雨になって電車もバスも止まり、自由に動けるような状況ではありませんでした。

仕方なく旅館の部屋で休みながら、パソコンでカトリックの神父が指導するヴィパッサナー瞑想についての講義を聞いていました。ヴィパッサナー瞑想とは、まさにマインドフルネス瞑想と呼ばれている手法です。


その中で黙想についての意味や坐することへの意味などが語られたのち、実際の黙想の中で、何に注目すべきなのかが語られていました。それ自体は、私にとってそれほど新しいものではありませんでした。

ただ、一つ大きな発見、気づきがありました。

それは、その神父が黙想の中で呼吸に意識を向け、「今」「ここ」に意識を向けるべきことを語った後で、自分自身に意識を向けることの大切さを語ったとき、こう続けたのです。

「自分に意識を向けるとき、自分の過去や現在について、いろいろな出来事が頭の中に浮かび上がってくるでしょう。しかし、それら一つひとつを思い出したとしても、決して自分を裁かないようにしてください。自分で自分に価値判断をくださないようにしてください。こういう自分がいますということだけでよいのです」

この言葉は、私に新しい気づきをもたらしました。

私は興奮して、この部分を何度も聞き直しました。

そして自分の心が軽くなっていくのを感じました。

「自分で自分を裁く」「自分で自分に価値判断を下す」ということを当たり前のようにやっていた自分に気づかされたからです。

そうか、自分の過去は決して戻ってこないし、将来もまったく未知のものなのだ。そして「今」「ここ」に生かされている私は、まさに私という存在そのものであって、他者は私を裁くことがあり、神は私を裁くことがあるとしても、私は自分を裁く必要はないのだと思えたとき、「あるがまま」の自分を受け止めるという作業が無理なくできるようになったような気がしました。

つまり、私が「生きている」という存在といのちは、肯定してよいものなのだと思ったのです。

「相手を裁かない」「相手を価値判断しない」ということは、人間関係の構築の中では大切なこととして語られていますが、「自分を裁かない」「自分を価値判断しない」という心持ちは、ちょっと練習しないとなかなかうまくいきません。それだけ自分に点数をつけることに慣れているのかもしれません。

「自分も相手も裁かない」「あるがままを受け止める」、そして「生かされている」「生きている」という意識は、マインドフルネスの中核をなすものだと思います。

臨床美術には、当初から五感の発動による観察、そしてそこに集中することで「互いに相手を裁かない」というマインドフルネス的要素による気づきが存在していると感じました。

それだけで互いの自己肯定感を引き上げる要素となっていると思います。

マインドフルネスによる心の整え方の中に、「生かされている自分」を風の音や鳥の声と共存しながら確認していく作業があります。

黙想しながら、鳥の声、虫の声、風の音などを感じ取り、評価することなしに、音が入ってくるまま耳で聞き、耳で聞こえるその存在だけを意識していきます。「あ、存在しているな」ということにだけ注目し、自分が世界の中に共存させてもらっているのだということを感じ取るわけです。つまり、鳥の声や虫の声に乗っ取られてしまってはいけないのです。

その存在を認め、相手も自分もそこにいることを認識するのです。

そして、耳慣れない鳥の声や遠くのほうで聞こえる自動車の音なども意識し、それらのものと自分も共に生きていることを静かに認識するわけです。

それはそこにあるもの、耳にし、目にするものに対する「存在肯定」へと導きます。

マインドフルネスにおける原点は、自分の鼻から入ってくる空気と出ていく空気とに意識を向けるという作業です。

まるで「新鮮ないのちをもたらす空気が自分の身体に入り込み、すべてを清浄し、そして古い空気が体内から出ていく」ことを認識させてくれるような瞑想です。

自分の存在がこの「新鮮な空気・風・息」によって「今、生かされている」という観察と気づきは、「存在といのち」をとても心地よい気持ちの中に導き入れてくれます。

「あ、生きていていいんだ」という気持ちです。

このような自己肯定感をもたらす気づきは、五感のすべてを発動させる原点のように感じます。


「私が生きていてよいのだ」「あなたも生きていてよいのだ」という広がりは、「素材への集中を助ける力」となります。存在肯定が深まっているからです。

「五感による観察」と「マインドフルネスによる気づき」の重要性は、美しいものの発見、珍しいものの発見にとどまらず、自分も相手も「ここに存在していていいのだ」という広がりにまで向かわせる力をもっています。その気づきや驚き、喜びを分かち合えた人は双方がその存在を肯定しています。

その関係性の中の気づきによって、心が反応し、生きる意欲が静かにわき上がってくるのです。

五感の発動、観察、マインドフルネスによる気づきの世界を知れば知るほど、生きる喜びを取り戻すための臨床美術は輝きを増していきます。

CHAPTER

6

カウンセリングの場で実感した「アートの力」

私は2003年から木村クリニックでカウンセリングを担当していますが、自分が臨床美術を体験するようになってからクライアントとの関わりの中でアートを生かすことができないかと考えるようになってきました。

特に、友人の臨床美術士から水彩クレヨンをプレゼントしてもらってからは、自分でもその楽しみ方をおぼえ、ぜひ、どこかで機会を見つけて分かち合いたいと思うようになりました。

そして、ここ数年、何人ものクライアントと一緒に水彩クレヨンによるアートを楽しむ時間をつくれるようになってきました。

その概要を紹介します。

【方法】

時間：カウンセリングに当てられている1時間のうちの15分未満

材料：水彩クレヨン、水筆、A5のスケッチブック

内容：水彩クレヨンによるアナログ画

導入：最初、私は対人恐怖症の方や自分の言葉がなかなか表現できない方、口の重い方々とのセッションを試しました。まず1分間、黙想します。

その後で、「私は最近、クレヨンで結構楽しい時間がもてているのですが、ここにもクレヨンを持ってきているので、ちょっと10分くらい気分転換として色と線で遊んでみませんか。絵が得意、不得意ということはまったく心配いりません。ただ好きな色や形を一緒に楽しめたらいいなと思っているのです。水彩クレヨンは、水筆でにじませることもできるのでおもしろいかもしれませんし、上手に家を描くとか

花を描くというのとは違うので気分転換にはなると思います」と言いながらクライアントの前にスケッチブックと水彩クレヨン、水筆を置き、私が勝手に何本かスケッチブックに線を引いて、セッション開始となります。

そして、私自身はクライアントに対して、このアートの時間は病気の治療というより、気分転換として10分間時間を提供してもらうことを伝え、さらに私自身が絵の専門家ではないことを話しながら、水彩クレヨンとの出会いによる楽しみや喜びの経験を伝えて進めます。

クライアントと呼吸を合わせることを心がけています。相手の動作をゆっくり待つのです。決して急かさず、慌てさせずに相手がクレヨンの色を選び、スケッチブックに描き込むまでゆっくり待つことが大切なことだと感じています。

急かさずに好きな色を聞き出してみると、アクションや言葉が引き出せることが多くあります。

ある程度描けたら、作品をちょっと遠くから見てもらい、上下縦横のどの角度が作品として映えるかを相手に決めてもらうようにします。そして日付とサインをしてもらい、作品についての鑑賞会をするのです。

自分で気に入っているところ、もう少し手を加えたいところ、こういう制作自体への感想を語ってもらうと案外よく話してくれます。その際、協力に感謝し、一緒に描いてくれたことにも感謝して、作品をカウンセリングのお土産として持ち帰ってもらうのです。

しかし、この試みも、最初から自信満々に実行したわけではありません。カウンセリング室に入ってくるなり、身をかためて座り、ずっと押し黙って、そのうちすすり泣いて言葉がほとんど出てこないクライアントを前にして、このまま1時間、ずっと黙って泣いてくれてもよいのだけれど、何か言葉のやりとり以外で心をホッとさせられるものはないかと考えたとき、思いついたのが「水彩クレヨンによるアナログ画」だったのです。

私は小さなスケッチブックの一枚を切り取り、水彩クレヨンと一緒に彼女の前に置いて、「話すのが大変だったら、これをやってみませんか。ちょっとだけ気分転換になるかもしれませんから」と言って、その用紙にグニャグニャと線を引きます。「クレヨンの好きな色を選んで、これにクロスする形で線を描いてみてください」と言うと、彼女は顔を上げ、恥ずかしそうにクレヨンを選び、そしてその画面の右下の端っこのほうに、チョコっと、か細い線を引いてくれました。

「お、そうきましたね、いいですね」と言いながら私はその近くに線を引き、「それじゃ、線と線の隙間の部分に色を塗ってみてもらえ

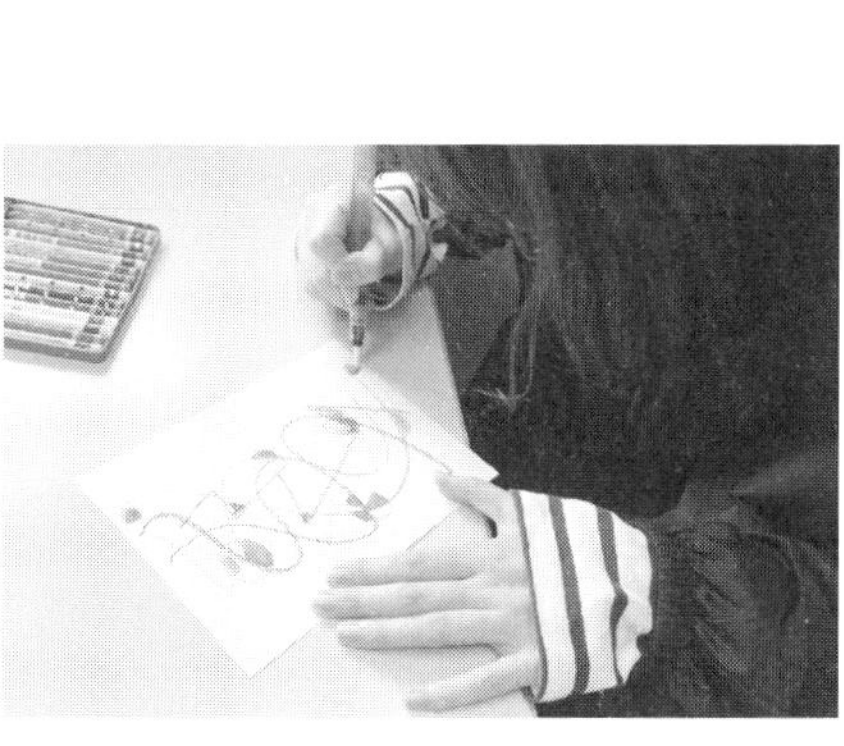

カウンセリング室での
描画の様子

ますか」と声をかけると、彼女はこれまた申し訳なさそうに画面の右下の隅のほうを薄く塗り始めました。

「おー、色がつきましたね、おもしろくなってきましたねぇ」と言うと、彼女はすっかり顔を上げて、その絵をじーっと見つめていました。そこで、私はその絵を壁のところまで持っていって、「この絵は、こっちが上のほうがいいですか、それとも、これを上のほうにしたほうがいいですか？」と尋ねると、今まで通りの置き方を見せたときに首を縦に振ったので、「はい、こっちのほうが上に向けばいいんですね」と言って机の上に戻しました。「今度は水筆で線の上をなぞると、色が混ざっておもしろいですよ、やってみてください」と伝えると、彼女は恐る恐るその筆を使ってにじみと混色を楽しんでいるようでした。

「わーー」と彼女が声を上げました。「この色、好き」と言ったので、「あー、ほんと、きれいですね。どんどん色を混ぜてみてください」と勧めると、彼女はなんとなくうれしそうに、筆を使ったり、クレヨンを使ったりして、画面にかなりたくさんの色が塗られました。

ちょっと一休みしていたので、「この絵の隅のほうに、お名前を書いて、記録に残しておいたらどうでしょう」と勧め、彼女はイニシャルをサインとして書き込みました。

そして、ひとこと「あー、楽しかった」と声を出し、笑顔になっていました。

そして、私が「何があったのですか」と尋ねると、彼女は小さな声で自分に起こったいくつかのつらいエピソードを話し出してくれました。対話が可能になりました。そして、自分で描いたアナログ画をお土産に持って帰ってくれました。明るい表情で部屋を出て行きました。

2週間後にまたやってきた彼女は「あの絵は部屋に飾りました。今日はお話だけさせてください」と人が変わったように自分のことを明快に話してくれました。

この出来事が、カウンセリング室で行う水彩クレヨンを使ってのアート活動のきっかけになりました。色と線とにじみの世界に集中して観察しながら、線や色を重ねていくことで、自分の中のモヤモヤがずいぶん解消されたようでした。

いくつかの事例を紹介します。

大学教授

教育の歴史を研究している大学教授のカウンセリングを実施したときのこと。

言葉数は多くなく、状況説明にも言葉がつまり、言い直したり、思うように表現できていない自分にイライラしている様子が見えました。疲れているのだろうなと思いました。

彼と話をしながら、呼吸が浅くなっている状況を聞き、一緒に外に出てクリニックの隣にある林に行き、そこでゆっくり深呼吸を促しながら話を続けました。深呼吸、森林浴の効果を信じつつ、その場でカウンセリングで相談したかった内容の続きを話してもらいました。

深呼吸と森林浴の効果もあって、彼は著作についての悩みと心配を語り始め、しかし、話しながら自分で合点がいったところがあったらしく、にこやかになり、カウンセリングが終了。

1か月後、比較的晴れやかな表情でやってきた彼と水彩クレヨンでのアナログ画を実施しました。

「絵を描くというと2時間くらいの時間をみて、画材を用意して、何を描くか検討してじゃないと始められない気持ちがありましたが、この水彩クレヨンのアナログ画はいいですね。そもそも簡単で。そし

水彩クレヨンでの
アナログ画

て描いていて気持ちがよくなりますね」

言葉がとても軽やかになっていました。

60代の女性「旧姓」

その方の悩みはご主人のわがままでした。

何から何まで命令し、どこに出かけるにも一緒に行きたがり、奥様のお願いはほとんどスルーされてしまうという関係でした。

自分だけの時間をもちたい、自分だけでどこかに出かけてみたいなど、ひとしきりそういう話を聞いた後、カウンセリングの時間が15分ほど残っていたので、「ちょっと気分転換をしましょう」と言って1分間黙想。

その後で「よろしければ、クレヨンを使って気分転換をしてみましょう」と水彩クレヨンを出し、スケッチブックの一枚を切り取って彼女の前に置き、私が何本か線を引いて、「この線に交わるような線を何本か引いてみてください。色は自由に好きなものを選んでください」と伝えました。

彼女は、少し戸惑いながらも、線を引き、色づけをしていきました。私は水筆ペンを用意し、「これを使うと色や線がにじむので、おもしろくなりますよ」と勧めると、彼女は戸惑いながらも「わー」と言いながら色のにじみを楽しんでいました。

私がその絵を手に取りちょっと距離を置き、どの部分が上だったらいいでしょうね。こっちかな？　それとも…。

彼女は「あ、それがいいです」と方向を決めました。

それじゃ、その形で仕上げましょう、ともう少し色を塗ったりしました。

「こんな感じでしょうか、終わりました」と言うので、「それでは絵のスペースのあいているところにサインをしてください。作品ですからね」と彼女がサインするのを待ちました。

彼女はクレヨンを一本選び、絵の右下にサインを丁寧に書きました。そして、書き終わったとき、彼女は急に大きな声を出しました。

「あらーーー」

「どうしました」と尋ねると
「私、このサイン、旧姓をサインしてしまいました。こんなこと今までありませんでした」

「そうですか。無意識だったんですね」

「はい、まったく気にしていませんでした」


彼女が少し解放を経験して、結婚前の自分に戻った瞬間だったのかもしれません。そのとき見せてくれた作品へのうれしそうな表情と、間違ったサインを書いたときの不思議そうな表情は、まさに「臨床美術のもたらす解放と自由」なのだろうと思いました。

さらに、事例を紹介します。

Kazumiさん（60代）

彼女は50代の後半からクリニックに来てカウンセリングを受けています。

当初、会社での人間関係に悩み、苦手意識をもっている人の前では震えてしまったりパニックを起こしてしまうことがありました。周囲の人たちは彼女のことを心配して席を変えたり、苦手な人と会わないようにあれこれ工夫をしてくれていたらしいのですが、彼女の症状は悪化。震えたり、涙が止まらない、眠れない、うまく話せないという症状を呈し、躁鬱病と診断されて投薬を受けていました。

カウンセリング室でも最初は、「涙が出てしまう」「震えてしまう」ことが多く、なかなか実際の出来事を語ることができない状況が続きました。

2年ほど前、彼女はカウンセリングの中で、元気なときは外に出かけ、カメラで花や風景を撮ったりすることが好きだったという話しをしてくれました。

私も写真に興味があったので、パソコンに入っていた私の撮った写真を見せると喜んで、「次回、カメラを持ってきます」と言い、カメラを持ってきた彼女とのカメラ談義は、今までにない明るさで展開されました。「先生の写真を、ぜひ私に送ってください」と言うので了解し、ときどき写真を送るようになりました。

写真の話をして、色彩や鳥の名前、撮影場所の話をしているとき、彼女は明るく、楽しそうに見えました。

そこで、私は彼女に水彩クレヨンでのアナログ画を勧め、一緒に作品を制作したところ、「おもしろい」「楽しい」を連発し、その日の作品を「額に入れて飾ります」と言って、大事に持ち帰っていきました。

その後、知人の臨床美術士たちがZoomで実施している「臨床美術のお試し講座」を彼女に紹介したところ、受講。

その作品をその次のカウンセリングのときに持参してくれました。

「まず、これが臨床美術で描いたものです。楽しくて、楽しくて。そしてあまりにも楽しかったので終わってから自分でも勝手に描いてみたのです」と、別の作品を二枚持ってきて見せてくれました。

一枚目の作品を参考にして、色鉛筆で線が描かれ、スペースが塗られて、楽しさが伝わってくる作品でした。彼女の感想です。

「私は絵など描いたことはないのです。でも、ここでクレヨンで描いて、その後、臨床美術のクラスで描いて、楽しいなと心から思いました。

Zoomでの「臨床美術のお試し講座」で
Kazumiさんが描いた色鉛筆画

親切にしてもらって、私の描いた作品についてもちゃんと一緒に喜んでくれて、うれしかったです」

その次のカウンセリングのとき、彼女は私が送った写真の何枚かを色鉛筆で模写して持参してくれました。すずめ、鵜、花が丁寧に色を選んで描かれていました。繊細な色使いがとても印象的でした。

「どのくらい時間をかけたのですか」と尋ねると、「一枚につき3日くらいかな」とのこと。

「不思議なことに描いている間、会社での嫌なことは忘れるんです。いつも考えているし、いつも頭にあるのですが、絵を描いて夢中になって色を考えているときは、そういう嫌なことを忘れていることに気づきました」

彼女は明るくなり、泣くことも震えることもなくなり、「今度、姉と一緒にお花を見に行こうと思います」と言えるようになりました。

そして、その次のカウンセリングのときも、またその次も絵を描いて持参し、カウンセリングが彼女の描いた絵の鑑賞会のようになったのです。

臨床美術の講座も受講しているようだったので安心していたのですが、ちょっとした問題が発生しました。

その日、カウンセリング室に入ってきた彼女の表情が暗く、不安そうで、それまでの明るさが消えていたのです。

心配になって、「何かありましたね」と尋ねると話してくれました。

実は彼女が臨床美術の活動で少し元気になり、前より活動的になった姿を見たお姉さんが「芸術活動」は有効らしいと信じて、彼女に近くの陶芸教室を勧め、勧められるままに彼女はそこに申し込み、通うことになったというのです。

Kazumiさんが自宅で描いてきた作品

花束

羽根を広げている鵜

芸術活動は楽しく、鬱的な症状をもっている人をも元気にする力があると彼女もお姉さんも信じていたようなのです。だからこその陶芸教室入門でした。

ところが、その陶芸教室に行ったその日、新来者として紹介された彼女に対して隣や近くに座っていた方々があれこれ話しかけてきました。「ここの先生はすばらしい作品をつくることで有名な人なのです、あなたはあの先生から教えてもらえるなんてラッキーですよ」とか「あの人も有名な人で、個展を開いているんです。あなたもがんばればきっと個展を開くまでになるでしょう、10年くらいやればね」「あなたは、どこで何をしている人なの。何が得意なの。ここで陶芸を習ってどうするつもり」など、矢継ぎ早に質問と他者の評価に巻き込まれました。彼女は「言葉が出てこなくなるくらい」の苦痛を味わい、陶芸自体にまったく力が入らず、興味が失せてしまい、そればかりか、家に帰ってからも絵を描く気力までも失せてしまい、結局、私はダメなできない人間なんだという自虐的な心に覆われてしまったというのです。

そのとき以来「絵を見たり、描きたい気持ちがなくなってしまいました」と報告してくれました。

確かに陶芸教室の活動は芸術活動です。

しかし、まったく初心者の彼女にとって「居場所を感じられるような」配慮はなかったのかもしれません。機能論的な話に終始し、彼女は自信を喪失し、居場所はないと感じたばかりか、やはり自分はダメなのだという結論を自ら引き出してしまったのです。彼女の過敏さにも原因があったかもしれません。でも、そこには「存在論的人間観」の空気が希薄だったことは間違いないと思いました。もちろん、その陶芸教室に通っている方に悪意などまったくなかったと思います。親切心で声をかけたに違いありません。でも、その内容が「機能論的人間観」からの声かけに終始し、Ｋａｚｕｍｉさんは自己肯定感を味わうことができず疲れてしまったのです。

私は「ま、そういうこともありますねぇ。ちょっと残念でしたね」と言いながら、水彩クレヨンを準備し、スケッチブックに線を引き、「それじゃ、気分転換しましょう」と言いながら彼女がどうするか見ていました。

彼女は丁寧に線を引き、色を選び、一心不乱に塗り始め、画面全体をいろいろなクレヨンの色を選んで大胆に塗り込んでいきました。ときどき、作品を手に取り、遠くから眺めて、「あっ」と言いながらまた色を加え、終わる頃にしみじみ、「私は、こういうのが好きなんだなぁ」「楽しい」「ここでは安心して一人で描けるからうれしい」と言って、今までにないほどの明るい作品を描き上げました。

「芸術活動ってなんでも同じじゃないんですね」「臨床美術の講座でも私みたいな人間の描いた絵もきちんと褒めて喜んでくれるから、心が元気になります。陶芸教室の参加者も悪い人たちじゃないし、陶芸もおもしろそうですけれど、私には『居場所がない』感じがしたのです」「私はやっぱり、自分で勝手に感じたままに色を塗るのが好きなのだなと思います」と語ってくれました。

さらに、私は町の保健センターや障害者児童福祉施設などでもカウンセリングの依頼を受けているのですが、そこでも折に触れてアート活動を実行してみました。

ちいさな町の保健センター（スタッフ3名の参加）

私は2016年以来、毎月一度、その町の保健センターが主催している「心の健康相談」というカウンセリングセッションに招かれており、一日に最大5名のカウンセリングを行っています。

そこで働いているスタッフのほとんどが看護師経験者、または保健師さん。

スタッフたちの業務は多岐にわたっており、最近ではコロナワクチンの受付業務、通常は生活困窮者・生活保護受給者支援、新生児検診、母親学級での指導、生活保護受給者や健康に不安のある新生児の母親家庭訪問などです。

「心の健康相談」の際もスタッフが3名、カウンセリングに来るクライアントの身元と生活状況の確認、訪問可否のチェックなどきめ細かくケアしています。しかし、その多忙さと業務の幅広さ、煩雑な環境に過度の疲労感を訴え、他のスタッフとの連携が難しくなることがあるようです。

そこで、カウンセリングが行われる日の朝、スタッフとの打ち合わせの時間に水彩クレヨンを用いて簡単なアナログ画のセッションを10

分ほど行ってみました。

描き終わってから、それぞれの作品についての鑑賞会と個人に感想を求めると
「描いているときは夢中になっていて、仕事のこと、職場にいることを忘れました」

「描き終わってみんなの作品を見たら、色彩も形もまったく違うのでびっくりしました」

「鑑賞会をしているとき、なんだか、よくわからないのですが、とてもうれしくなってきて、私たちはチームなんだなと実感しました」

一人のスタッフに、その日の午後に来所した85歳の方と私のカウンセリングの合間に同席してもらい、水彩クレヨンでセッションに参加してもらったところ、クライアントとずいぶん長い時間談笑していました。

「心の健康相談」スタッフと臨床美術

クライアントとの談笑は、スタッフにとっては大きな自信につながるものとなったという報告を受けました。

臨床美術を仕事仲間と共有すること、また特に鑑賞会を楽しむことで互いの間の垣根が低くなり、コミュニケーションの頻度、深度が広く深くなっていったことが明らかになっています。

障害者児童福祉施設（スタッフ7名の参加）

町にある障害者児童支援のための乳児園施設。

私はそこに毎月1回訪問し、児童と遊び、問題点をチェックして、午後のスタッフとの会合で報告することと、そこで働く保育士さんたちとのグループカウンセリングを実施しています。

最大で10名の園児たちのうちの約半数が、失語状態的状況で、発語ができない子どもたち、極度の偏食、過度のヒステリック症状の子どもなど、通常の保育園での支援や指導とはずいぶん異なっています。同時に保育士さんたちの精神疲労も大きいと思います。

私は今まで保育士さんたちとのグループカウンセリングのときに、「リンゴの量感画」「えんぴつの線で遊ぶ」を一緒に実施し、最近になって「水彩クレヨンでのアナログ画」を実施してみました。

制作が始まると一斉に静かになり、夢中になって描いていることが伝わってきました。

そして鑑賞会では、「保育士同士の垣根がなくなる感じがしました」とか、「夢中になって描いたのでうまいかへたかはわかりませんが、自分の心にある思いを画面にぶつけながら描けたように感じました」という個人的な意見に加えて、「その線の繊細さが先生のきめ細やか

保育士さんたちとの
臨床美術

さを思い起こさせてくれて、すごく元気がでました」とか、「そのリンゴは食べてみたくなる色と形のものですね」など、和気あいあいの雰囲気が生まれ、保育士さんたちが同じ高さの目線になって、これから前に進んでいこうという意欲づけのお手伝いになったように感じました。

ここでも仲間同士が、臨床美術の体験と鑑賞会によって「互いの垣根が低くなる雰囲気」を十分味わうことができ、同時にお互いの癖をより深く、あるいは新しく認識することができたと思います。つまり、ある人は普段の仕事の印象よりもはるかに微細な線にこだわり、ある人は普段は繊細な指摘をすることが多いが、作品制作においては、おおらかな曲線が得意だったりすることに気づくと、その人の今まで見たことのない一面を発見したような気持ちになるのです。

保育士さんたちが描いた「りんごの量感画」

CHAPTER 7

生きるを励ますアート

――伴走型支援とも関わって

現代社会は機能論的人間観の歪みが多くの問題を起こしているように思います。

「できる人優先」「できない人はダメな人」「競争、比較」という基準で人を区別し、差別することから、ある人たちは「消えたい」「自分のいのちと存在には意味がない」「あんな人死んでしまえばいいのに」などという気持ちが様々な形で交差して傷つき、つまずく人たちが増加しています。

2005年度のOECD（経済協力開発機構）の資料によれば、自分の家族以外と交流のない人の国別調査において日本は15％を超えており、オランダの2%、アメリカの3%、イギリスの5%などと比べて断然社会的孤立率が高いことがわかります。これは友人、職場の同僚、その他の社会団体の人々との交流が「まったくない」、あるいは「ほとんどない」と回答した人の割合を示しています。

臨床美術のセッションは交流の場として「存在が肯定され、感性の自由な分かち合い」が可能な場として、これからの社会における大切な伴走型支援と同じ方向性をもっており、独自の役割があるように感じています。

介護家族の一人がこんなことを語ってくれました。

「私はここにくるまでは、認知症になった主人のことを近所の人にも親戚にもあまり伝えることができませんでした。それは、どこか気恥ずかしく、愚痴をこぼして回るような気がして、とても、他の人に伝えることが難しいと感じたのです。

でも、ここで皆さんと一緒に臨床美術をやって、あれこれ描きながらおしゃべりをし、カウンセリングの時間をとってもらって、同じような境遇にある皆さんのお話を聞き、私の愚痴も自由に話すことができ、もう、ほんとに、これは本当は認知症の主人のための時間なのでしょうけれど、実際は私の心が癒され、支えられるための時間になっています。

ここにいる皆さんは、それぞれ認知症の家族の介護をしている人ですから、そういう話題を聞きながら、ああ、私の主人はまだそこまでは進んでいないな、でもああいうふうになっていくのだな、と学習したり、こんなことがありました、つらいですという人の話を聞くと、自分のことのように一緒に悲しくなって、声をかけたり……。

この場所は私にとっては大切な学びと解放の時間です」

また、別の方は

「病院の先生に妻の様子を話して、聞いてはもらえるのですが、それでどうしたらいい、そのときはこうすればいいというところまでは聞けないんですよね。待っている人の診察もあるでしょうし…。でも、ここにきて、ほぼ同じような環境の中で苦労している皆さんの生の声を聞かせていただき、私もありのままを語ることができ、その上、絵を描いたりして一緒に笑って楽しめる時間まであって、妻が認知症だと言われたときにもっていた暗澹たる気持ちがなくなったわけではありませんが、ここでの時間を過ごせることでずいぶん明るくなれました。なんとしても、妻が来られなくても、私はここにきて臨床美術とカウンセリングは受けたいと思っています」

似ている状況の方々が集まっていることで無理なく会話が生まれる可能性が大きく、聞いてくれる誰かがいて、提案してくれる誰かがいて、一緒にアートを楽しみ、お互いの作品を楽しく鑑賞する時間があり、素直にいてくれてありがとうを挨拶できる絆が生まれる経験ができたら、そこには間違いなく「生きるを励ますアート」が息づいていると思います。

樽の横にあいた穴

先日、友人と話していて、人間というのは例えるなら「きれいな飲み水を溜めることができる樽」のようなものではないだろうかという話になりました。

しかし、その樽に、単なる老化だけではなく、身体の不調、病気、ストレスや不安、孤独、失敗、肯定感の低さなどが感じられるたびに、樽のどこかに「穴」があいていくのではないだろうか。

その穴のせいで、溜まるはずの飲み水がどんどんこぼれ出していき、飲みたいときに水がなくなってしまっているような状況になってしまい、不安でいっぱいになり、樽であることに幻滅し、樽であること自体を放棄したくなり、タガを外して樽を壊し、消えてしまいたいと思うほどになってしまうことがあるのではないか。

もしかしたら医療、薬などはその樽の下のほうにあいた穴をふさぎ、なんとか水が溜まる程度のところまでは有効な役割を果たしてくれるのかもしれない。

でも、もう少し安心できるような溜まり方が可能になるには、薬や注射などの医療的なケアだけでは十分ではなく、別のものでふさぐ必要があるような気がする。

もしかしたら、それは、たとえば、信頼関係の回復、自分自身に対する自信、あるいは肯定感の回復などによって穴がふさがれる必要があるのではないか。

というような話になっていきました。

医療の役割は大きく、そこで生み出される安心感は絶大です。しかし、人間の肉体的、精神的、情緒的弱さは、薬だけではなかなか回復にいたらず、他者との交流や自らの肯定感の回復や気づき、ある種の楽しみなどが感じられてこそ、水を溜める樽としての自分の役割がなんとか機能していると感じるのではないでしょうか。

そして自分だけではなかなか育てることが難しいのが自己肯定感だと思います。

これは関わりの中で育つ場合が多いからです。

たとえば、臨床美術に参加して、観察と気づきに励まされつつ作品を制作し、他の人たちとの鑑賞会の時間になって、誰かに「これはいいですねぇ」とか、「この色が本当にすごく鮮やかですね」と言われたとき、なんだかうれしくなってきて、樽の穴が一つふさがった感じがしないでしょうか。

また、感じた正直な感想を他の人の作品を見ながら伝えることができたとき、なんだかうれしくなって、これまた穴が一つ埋まったような気分にならないでしょうか。

「誰かと一緒に」「同じものを見て」「感じることを共有できている」というその感覚こそが、実に大きな、また多くの「穴」をふさぐ出来事になっているような気がするのです。

共感や寄り添いという言葉がありますが、言葉では十分に表現できない「体感的な一体感」が美術作品を通して存在し、それは、作品を制作した人が一緒になって（恐縮しながら）、「ほんとですか、うれしいです」と心から表現できる時間になるのです。

気がつけばそれは、スタッフと参加者が、参加者同士がまるで肩を並べ、横一直線になって「いいですねぇ」と分かち合えた時間であり、劣等感や優越感の生まれにくい、ここにいても大丈夫だ、という関係が実体験できる出来事になっているからです。垣根がとても低くなった「人間と人間の関係」を共有できる喜びの場が提供されることになるのです。

樽の穴は、そういう積み重ねの中でふさがれていくような気がします。「誰かと一緒に」「同じものを見て」「感じることを共有できている」というその感覚は、現代人に不足しているものの一つのようにも思います。

樽にあいた穴は誰にでもあり、またそれをふさぐための手段としての医療や教育は重要な位置を占めていると思いますが、美術活動とそこから生まれる関係性はとても大切な部分を占めていると感じます。臨床美術の果たしている役割はそこにもあると感じます。

臨床美術は始まった当初から、参加者の方々に「寄り添う」形での活動でした。

最初の頃、家族の方から「この臨床美術を何回くらいやれば、うちの人は認知症が治るのでしょうか」という質問がよくありました。

それに対して、私たちは、「治るというより、進み方がゆっくりになるということだと思うんですよね」とだけしか言えませんでした。つまり、臨床美術は認知症の病気自体に対して「解決」をもたらすことができません。


でも、参加者とのセッションはそこにいる参加者一人ひとりと伴走しています。それによって、参加者たちから「丁寧に生きたい」「また絵が描きたい」とか、「居場所があってうれしい」などの言葉や表現が増えてくるということは、まさに臨床美術はその歴史の最初から「伴走型支援」の形を実践し、それを目的とするアート活動だといえ

生きるを励ますアートと共に（アールブリュにて）

るでしょう。

これからも対人支援が社会の中でますます求められます。アートがもっている可能性を再発見し、きちんと活用していくことが必要だと思います。


私は臨床美術のプログラムを知り合いの保育士の皆さんにも、中学校の先生にも小学校の先生にも、いくつかの教会の関係者にも分かち合い、セッションをしてきました。

そして、その感想は
「もっとやりたい。こんな楽しい絵の描き方、今まで知らなかった」

「今度来てくれるのはいつですか」

「どこに行けば、こういうことを学べるのですか」

「これを小学生の頃から知っていたらもっと美術のことを好きになったと思います」

「どうして、もっと早く教えてくれなかったのですか」
「どうして、これを学校で教えてくれないのでしょう」
「先生、牧師を辞めたら、臨床美術の伝道者になったらどうですか」

ほぼ素人の私が分かち合っただけで、このような感想を受け取ってきたというのは、それだけ臨床美術の魅力がまだまだあふれているということなのだと思います。

観察と気づきが導き出す臨床美術の世界は、現代社会に生きる私たちの心と生活に大きなインパクトをもたらすものだと信じています。

「五感による観察」「マインドフルネス的な観察と気づき」を内包している臨床美術は、それらがもたらす落ち着きと感動、そして集中の心を私たちの中に育ててくれます。

いいえ、それは臨床美術のみならず、アート活動がもっている宝なのだと思います。

そして、私たちは、それを体験でき、感じ取ることができるアートの心をもっています。

臨床美術は、体験する人々にとって、日々の支えとなり、感動と気づきと肯定感が上に向く貴重な活動になると信じています。

臨床美術のみならず、様々なアート活動が、心を潤すものとして躍動する時代が来ますようにと願っています。

CHAPTER 8

寄稿
「認知症と臨床美術」

独立行政法人地域医療機能推進機構
京都鞍馬口医療センター院長
京都府立医科大学特任教授
水野敏樹

今回関根一夫先生の著書『生きるを励ますアート～五感・マインドフルネス・臨床美術』を読ませて頂き、いかにも先生の人柄が出た温かい本だと感じました。関根先生とは私が臨床美術と関わることになったフルイさんを通じて知り合い、ちょうどコロナ禍の最中で、オンラインでお話しすることが多かったのですが、それでもそのお話の内容にはいつも納得させる、そして温かさに包まれた人柄を感じておりました。

私が臨床美術に関わることになったのは京都府立医科大学脳神経

プロフィール
水野敏樹（みずの としき）
1983年京都府立医科大学卒業。2013年から2023年まで京都府立医科大学大学院医学研究科脳神経内科学・教授を務め、その間フルイミエコ氏と認知症患者さんへの臨床美術の活動を続けている。脳卒中、認知症、遺伝性疾患に対する臨床・研究を行うと共に、リハビリテーションにも力を入れており、患者さん・介護者さんをサポートしている。

内科で開催していた認知症の患者さん・ご家族との交流会でフルイさんが臨床美術を紹介してくださったことに始まります。私自身子供の時、画家であり、教育者であった中村孫四郎先生のアトリエへ月1回通わせてもらったときから絵との関わりが始まりました。その先生は自分が感じたままを表現することをとても上手に誉めてくれる先生で、それが楽しくて放課後に絵画・図工のため通ったものでした。中学生になり徐々に上手に絵を描かないと考えたからでしょうか、クラブ活動の忙しさも重なり私はアトリエから足が遠のいてしまいました。しかしフルイさんが臨床美術の鑑賞会で上手に患者さんの絵を誉めていかれるのを見て、子供の時感じたあの楽しさを思い出したのです。関根先生も述べておられる臨床美術のやさしさは患者さんを肯定する大きな要因です。

私の母はアルツハイマー病になりました。その母が病気の始まる前、口癖のように〝あかんわ〟〝忘れてしもたわ〟と繰り返していたのを思い出します。母は元々大変記憶力が良い人で、口には出してはいませんでしたが、記憶力に自信を持っていたのだと思います。それだけに忘れやすくなったことを敏感に感じ取り、悲しかったのだと今になるとわかります。自分も65歳を超えて患者さんの名前を覚えられなくなる、気になったことが思い出せないなど自分の能力が以前と比べて低下していくことを常に感じるようになりました。人間はこれまでできていたことができなくなる時、強い自己否定感に襲われます。スポーツ選手でも同じです。若い時にはできていたはずのことができなくなる。年やからしかたがないと納得させようとするのですが、記憶力であれ、運動であれできなくなることは精神的には負担となります。その悲しみ、苛立ちに対してどのように対処したらよいのでしょうか。自分の力が衰えていることに対して自分の中で折り合いをつけることはなかなか難しいことです。私は神経内科医であって、精神科医ではありません。患者さんの心理的な問題を解決することに詳しくはありませんが、関根先生がカウンセリングを通して臨床美術に見つけられている自己肯定感の大事さは大変よくわかる気がします。上手でも、きれいでもない、患者さんの選ぶ色の鮮やかさ、線の力強さ、これらはその人の内面を引き出し、その人柄、時にはその人生も感じさせてくれます。それを上手に引き出されている臨床美術のスタッフの方々にはいつも感心します。

患者さんが感じるもどかしさは言葉の問題もあります。言語野は左脳にあるのですが、時にアルツハイマー型認知症の方は強く言語野が障害されます。そして言葉の忘れやすさは言いたいのだけれども言葉で表現できないもどかしさ、言葉は頭の中に思い浮かぶが口には出てこない問題を引き起こします。人間は自分を表現することを奪われた時に二つの方向に向かいます。一つは怒り。言葉にできなければ、体しかありません。手が出るかもしれません。これは患者さんが病院へ入院された時にたびたび見受ける問題行動といわれるパターンです。

もう一つは悲しみとあきらめ。いくら表現しようとしてもわかってもらえない時、患者さんは口をつぐんでしまいます。元気がなくなり、表情も失われていきます。その気持ちを色や形で表現できれば、患者さんにとっては大きな喜びです。そしていつも感じるのは患者さんの饒舌な表現に驚かれるのはご家族なのです。無表情になっていた患者さんがこのように感じているというのをご家族は臨床美術を通して、〝そうだったのか〟と改めて感じ取っておられます。

関根先生も五感で感じることの重要性を繰り返し述べられています。私もフルイさんの臨床美術の中で患者さんへの持って行き方で感心していた点です。私はアルツハイマー病の患者さんやご家族に対して、確かにこの病気では記憶力は悪くなる、しかし脳の多くはしっかり働いていますよといつも申し上げています。臨床美術では新鮮な果物、大根のような野菜、時にはセコガニまで対象にして、その対象を見るだけでなく、その音を聞きましょう、触ってみましょう、味わってみましょう、嗅いでみましょうと呼びかけます。これらは視覚、聴覚に加えて触覚、味覚、嗅覚を全部動員することを促します。人間の情報は7～8割が視覚を通して入ってきます。加えて言葉や音が加わると9割は視覚と聴覚からの情報です。しかしそれに加えて触覚・味覚・嗅覚まで動員することは使っていないだけで、残っている機能を活性化します。人間の脳も使わなければどんどん機能が低下していきます。五感を使うことは脳全体の活性化のために重要です。そして感じて頂くことはその人の眠っている感覚を呼び起こすことができます。

臨床美術の鑑賞会は私もとても好きな時間です。関根先生の言われる「一緒にいてくれてありがとう」という気持ちになる時間です。一緒に見るという習慣を日本人は大事にしてきたという話を京都府立医科大学の先輩である北山修先生の講演で聞いたことがあります[1]。洋画で代表的なキリストの母子像では母マリアとキリストの視線は全く別の方向を向いています。その視線は一致しません。これに対して

京都府立医科大学神経内科の
「脳いきいきアート」講座
（現在は精神科の協力のもとで開講）

喜多川歌麿の浮世絵で子供を抱いている日本の母親は、きれいだねと同じ視線で満月を見ていたり、花火を見ているのです。この習慣は同じものを見て、いいね、きれいだね、素敵だねという共通の感覚を知らず知らず私達にもたらしてくれているのかもしれません。臨床美術の鑑賞会でいいね、きれいだね、素敵だねと同じ時間を共有することはまさしく「一緒にいてくれてありがとう」を感じさせてくれる時間です。この言葉は認知症の患者さんへも「そのままでいいんだよ」という重要なメッセージです。そして家族からは「体も心も衰えても一緒にいてくれたらいいんだよ」というメッセージとなります。臨床美術が紡ぐ大事な時間です。関根先生は存在論的人間観という難しい言葉を大変わかりやすく伝えて頂いていると思います。先生の温かいメッセージが皆さんにも届くことを期待しています。

1）北山修『共視論―母子像の心理学』（講談社、2005）

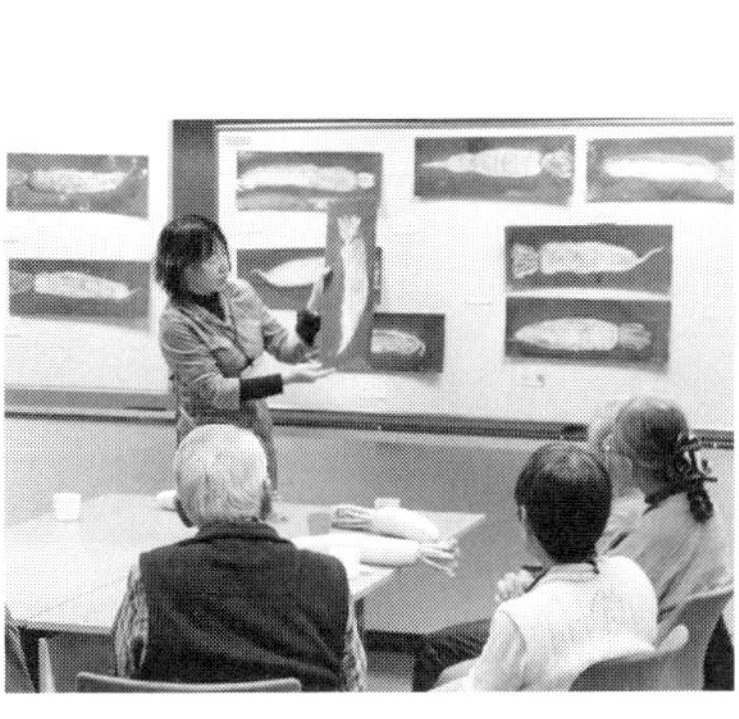

寄稿

「アート活動による意味生成カウンセリングの可能性」

日本臨床美術協会副理事長
臨床美術学会副会長
富山福祉短期大学名誉教授
北澤　晃

私は、教育学を専門領域として「〈私〉の成り立ちということ」について研究しています。〈他者〉との関わりにおいて立ち現れている〈私〉という存在の在り方は、今日の私たちを取り囲む学校化した社会状況においては、常に「生きにくさ」を抱え込んでいます。学校化した社会とは、学校が人間を社会化する、あるいは選別する教育装置となって画一化し統制する社会のことです。そして、この画一性は交換可能な「一般的な他者」とも言われる他者性が育まれることで、より個別

プロフィール
北澤　晃（きたざわ　あきら）
1959年、長野県生まれ。23年間の小学校・中学校での教員生活を経てシェア・アーティストとしての自覚と研鑽。教育学者、教育学博士（美術教育）。富山福祉短期大学学長を歴任、幼児教育学科教授。富山福祉短期大学名誉教授。臨床美術士1級。銀の櫂アートスタジオ臨床美術士。とやま臨床美術の会顧問。臨床美術学会副会長。日本臨床美術協会副理事長として活躍。

＊2023年10月25日、病床の中で本書への寄稿を快諾。病院から2023年11月30日に寄稿文を送付してくださいました。2024年1月21日、体調急変により急逝。

化され画一化された人間形成を促すことになります。したがって、私たちは、すでに社会を埋め尽くしている学校化した「意味（一般的な他者）」の世界に統制された「私」を生きることを余儀なくされているということができます。

ここでは、私の〈生きる〉が関わる事柄を〈私〉、〈○○〉などと〈　〉に入れて表記し、学校化した「一般的な他者」に〈私〉が抑圧され個々に分断された在りようを「私」、「○○」などと便宜的ですが「　」に入れて表記することにします。

私は小・中学校に教員として勤務していた頃、国立教育政策研究所で評価規準・評価方法等の研究開発に携わったことがあります。当時、教育研究において評価の問題は、最も立ち後れた領域でした。学校現場における評価の多くは、内容に応じて配点されたテストや資質・能力の評価規準に従って評価点を積み上げ、個々の「私」を評価します。また、その比較によって個々の「私」の学びの在りようが示され、学習成果の把握や進路指導に用いられることになります。個々の「私」にとって有用とされる細分化された視点（学習指導要領）によって項目毎に評価され、その評価を寄せ木細工のように合わせれば、そこに理解されるべき「私」の全容があるかのようでした。

このような在り方を改善するために、この教育評価研究開発は進められ、それまでの相対評価を「相対評価を加味した絶対評価」にシフトさせるべく、文科省、各都道府県教育委員会、各教育現場を挙げた全国的な教育改革として取り組まれたはずでした。

「相対評価を加味した絶対評価」へのシフトとは、本書で関根一夫先生が述べられている存在論的人間観に通じ、個々の〈存在のかけがえのなさ〉を教育の根底に置くということを改めて自覚する改革でもあったと思っています。「できる－できない」で相対的に比較評価してしまう見方の根底には機能論的人間観があります。それは、社会的な存在として生きていく上でやむを得ないことであるとしても、人間存在のかけがえのなさを〈いてくれてありがとう〉の言葉とともに大切にしていく存在論的人間観の精神は、本来、教育の基盤にあって然るべきです。

しかしながら、学校化した社会の中で、一方が高まるともう一方は希薄化するという相克の関係が、この2つの人間観にはあるようです。そして、私の実感としては、この評価を巡る教育現場におけるパラダイムチェンジは、「子どもの学力の低下」という課題に置き換えられるように形骸化していきました。

私たちは、学校を通して社会化され、多かれ少なかれ、その刷り込まれた事柄を前提にして、この社会と向き合い、〈私〉を統制し、「私」を生きています。この私たちが生きる「前提」を問い返すことは容易ではないことは、日々の生活の慣れ親しんだ一つひとつのことについて疑義を唱えてみれば分かることです。

この教育評価研究に思い悩んでいた頃、教育現場をクローズアップするワードとして、「学級崩壊」という子どもたちの居場所に問題状況が出ていました。安易にそのようなワードでラベリングしたくありませんが、そのように位置付けられた小学校6年生を私が担任することになりました。この頃、こうした状況のクラスを担任することが、私は多くなっていたのですが、その際の私の学級経営の大きな柱は、アート活動だったのです。様々な教科の中で、図工・美術には、集団の在りようや空気感を変えていく不思議な力があることを当時の私自身、経験的に確信していました。

4月、始業式の後、受け持つことになったクラスの教室に入った時、私は唖然としました。子どもたちの机の配置が列を成さずに、大きく間隔を空けて、バラバラに広がっていました。この空気感は、個々の子どもが〈他者〉との繋がりを感じ確認し合える〈あいだ〉を保てず孤立しているように感じられました。担任して1ヶ月後の5月には、子どもたちが楽しみにしている東京への修学旅行を控えていました。

直感的にそこを契機にこの「空気感」を変えていく必要があると思いました。

このエピソードをここで詳細に書くわけにはいきませんが、〈①みんなが楽しかったと言える修学旅行にしよう。②修学旅行後には思い出できらめく『光る東京』を共同制作しよう。〉という短期目標（プログラム）を子どもたちに提案し、実行に移しました。『光る東京』とは、特別教室全体を使い、東京タワーや雷門などの様々な思い出の場所をつくり出し、ブラックライトで光る塗料を塗ることによって輝かせるというものです。１週間の制作期間を特別に設け、最終日には親子活動として、父母も巻き込んだ制作・鑑賞会をしました。朝登校後から下校までの６時間を給食も含めて、この特別教室で過ごすことも何度かありました。通常のクラスであれば認められない状況でもありましたが、学校全体の協力もあってやり遂げることができました。

父母が制作活動に合流し、午後３時頃から最後の仕上げをして夜

7時過ぎ、消灯した真っ暗な教室でブラックライトを点灯した時の、歓声が立ち上がる〈空気感〉を忘れることはありません。私が、臨床美術と出会い、臨床美術士としての途を歩み始めたのは、この後になりますが、私が臨床美術を引き寄せた出発点には、これらの教育現場でのエピソードが大きく関わっています。このような経験を踏まえて、アート活動による関係性の繋ぎ直しを意味生成カウンセリングとして考案し実践しました。

〈私〉の〈生きる〉が関わる事柄〈○○（意味）〉には、臨床美術で大事にする五感の感じ取りが不可欠です。別の言い方をすると、〈私の存在のかけがえのなさ〉が関わる〈○○（意味）〉が、〈他者〉との関係を取り結ぶ通路となるのです。そして、それぞれ個々の〈私〉が〈私の存在のかけがえのなさ〉を関わらせて共に居る時、つまり、「一般的な他者」にそれぞれの五感が伴った命が宿る時、その相互作用的な意味生成空間は、『いてくれてありがとう』の居場所となるということができます。

臨床美術の創始者である金子健二先生は、『競争主義の芸術ではなく、共に生きる芸術』を臨床美術において目指されていましたが、私自身は、このように捉えて、臨床美術に取り組んでいます。

私は、このような共起的な人間の在りようを関係論的人間観とし、多くの教育評価が個々人に還元されてしまう個人主義的人間観と一線を画したいと考えています。

私たちは、〈他者〉との関わりの中でこそ〈私〉を実感することができるのです。

場に立ち上がる様々な〈意味〉に照らされ投げかけられて、〈私〉も〈他者〉も立ち現れます。投げかけによる意味生成の場の中に、互いが互いを生成し合い、それを見出すことで〈私〉と〈他者〉という存在は、関係性が編み出した意味世界を〈生きる〉ことを手に入れていると言えます。

このように、〈私〉と〈他者〉の出会いの場（居場所）を相互生成する臨床美術は、「一般的な他者」という既存の常識に収斂されない〈私〉の世界においてこそ、その存在価値が突出して発揮されます。したがって、既存の物差しで測ろうとする個人主義的人間観の中に位置付けてしまう世界とは、違った在り方を私たちに提示してくれる希有な実践フィールドであると言えるのです。とすれば、私たち臨床美術士は、この現代社会の様々な困難な状況から一時的にでも抜け出し得る扉として臨床美術のセッションを積極的に捉え直してよいのではないでしょうか。

臨床美術セッションが非日常的な場の提供であるということは、日常的に縛りとなっている個人主義的人間観からの一時的な解放をも意味すると考えることができます。今回、関根先生が本書で指摘している事柄をきっかけに、『生きるを励ますアート』の本質は何かを問い直し、『競争主義の芸術ではなく、共に生きる芸術』の実現を目指していきたいと考えています。

寄稿

「『臨床美術』とカウンセリング」

笠間の森カウンセリングルーム　代表
永原伸彦

「五感による感じ取り」

関根一夫先生は、私の大切な友人であり、カウンセラー仲間でもあります。月に一度YouTubeで「カウンセラー対談」をさせていただいていますが、いつもそのとき不思議な体験をしています。何の準備も打ち合わせもなく、対談が始まります。関根先生も私も1時間ほど経過した時に、いつもこんなふうに言うのです。「あれー、もう1時間も経ってしまった」。そして、終わった後は、少しの興奮と疲れと、充実感があるのです。「よく聴いてもらって、安心して話せ

プロフィール
永原伸彦（ながはら のぶひこ）
1946年、福岡県生まれ。国学院大学大学院修士課程（思想史専攻）修了。国立小児病院、東京神経科クリニックの心理職を経て、1980年から昨年度まで（公財）茨城カウンセリングセンターのカウンセラー。この間、茨城キリスト教大学、茨城大学大学院の講師を兼任。専門は、カール・ロジャーズのパーソンセンタード・アプローチの研究と実践。著書（共著）は、『パーソンセンタード・アプローチ』（ナカニシヤ出版）、『パーソンセンタード・アプローチの挑戦』（創元社）、『エンカウンター・グループの新展開』（木立の文庫）など。現在は、「笠間の森カウンセリングルーム」代表。

たな」という実感が残るのです。そして、これはお互いにそうで、関根先生も同じような感想を話されるのです。

これは「五感がフル稼働している」からではないでしょうか。時のたつのも忘れるほど夢中になっている。集中し、気づきが起こり、感動し合っている。

「カウンセリングと心の交流」

カウンセリングというのは、カウンセラーがクライエントに対して、受容的だったり、共感的だったりすることが大切です。しかし、何のためにそのような態度が重要なのかというと、両者の関係がフラットで相互的になるためなのです。「相互交流」つまり「心の交流」こそ、カウンセリングの生命線なのです。そして、おそらく「相互交流」が豊かになっていくとき、お互いの「五感は豊かに働き」「五感による感じ取り合い」が生じているのです。ですから、関根先生との対談は、この「五感による感じ取り合い」が生じていて、「あっという間に時間が過ぎていた」のではないかと思うのです。

「臨床美術のすばらしさ」

関根先生のお話を聞きながら、ああこの人には会いたかったなと思う人がいます。臨床美術の創始者でもある彫刻家の金子健二先生です。最初の臨床美術の会は1996年2月に行われました。その時の金子先生の様子を、関根先生が書いています。

「金子先生の言葉には、明るく、楽しく、その場をなごませる説得力があり、内容も水道の水の出方や雨の降り方による水滴の様子など、芸術家ならではの視点による興味深い話で、一同、すっかり聞き入っていました。そして参加者たちは、知らず知らずのうちに夢中になって、水道から流れる水や雨の水滴などを描き始めました。」

ここに「臨床美術」のすばらしさが、すでに示されていると思うのです。水道から流れる水や、雨の水滴という生の素材を、豊かな五感を通して感じ取ろうとしています。本物の画材を目の前にして、例えば「りんご」や「バナナ」や「にんじん」をよく観察し、五感をフル稼働させ、素材との生き生きとした「相互交流」が目指されています。これは、素材と「描き手」との相互交流、つまりカウンセリング的な「心の交流」ではないでしょうか。そのとき「りんご」も「にんじん」も生き生きと息づいているものとして「描き手」に感じられてくるのです。

「カール・ロジャーズと臨床美術」

カール・ロジャーズ（1902-1987）は日本でもっともよく知られているカウンセラーです。カウンセリングの基礎を築いた人です。彼を有名にした「カウンセラーの3条件」というのがあります。これはカウンセラーの態度の基本的在り方をいったもので、「純粋性」「受容」「共感」というのがその3条件（中核3条件とも言います）です。

その中の「共感的理解」（empathic understanding）という態度は、カウンセラーがクライエントの心の内側に潜り込んで、いわば、その人の瞳になってこの世界を観ようとする態度のことです。「もしその人の心になることができたら、この世界はどのように感じられているのだろうか」という心の姿勢のことです。「その人の心を分かり切ることなどできない。だからこそ、その人の心を分かりたい、受けとめたいという心の姿勢こそ最も援助的なのだ」とロジャーズは考えました。

本物の画材である「りんご」や「にんじん」がまるでクライエントのようになって、「描き手」は「共感的理解」の姿勢を知らず知らずにとっているのかもしれません。五感をフル稼働させながら、「共感的理解」が進み、「相互交流」が深まっていくのです。

「描き手」（参加者）同士の「分かち合い」や、そのグループでの「鑑賞会」の時などには、その「共感力」や「相互交流性」が一層豊かに発揮されます。すでに共感的姿勢が育まれ、整っているからです。これは私の少ない「臨床美術」体験からも感じたことです。一度は、関根先生の指導で、私の所属していた「茨城カウンセリングセンター」の専門のカウンセラー5名ほどで、「りんごの量感画」を描き合った体験です。カウンセラーたちは、自分の描いた「りんご」を愛おしそうにして、ずっとデスクや身近なお互いが見えるところに貼っていました。カウンセリング講座にも臨床美術士の方を何回かお呼びして、受講生と共に「臨床美術」のさわりのところを体験しました。鑑賞会の時などは、本当にグループカウンセリングのようになって、受講生たちは生き生きと分かち合っていました。

『いてくれてありがとう』による存在論的人間観

「存在論的人間観」について、関根先生の次のような重要な記述があります。

「私が以前から、臨床美術士養成のために不可欠だと考え教えてきた『いてくれてありがとうの心』『存在論的人間観』は、臨床美術士が教えたり、実施したりするものというより、臨床美術を実施していく中で『自然発生的にもたらされる不思議な雰囲気』の一つなのだと強く実感できるようになりました。」

五感が豊かに働く臨床美術の体験の中でこそ（そこで生じる「共感的理解」や「相互交流」の中でこそ）、「存在論的人間観」は生き生きと立ち現れてくるのだと述べられているのです。「いてくれてありがとうの心」は、フラットな相互的な人間関係の中でこそ、豊かにもたらされるのだという気づきです。講師経験が豊富で、説教者としても多くの人々から信頼されている関根先生が語られているということに、一層私は深い感動を覚えるのです。

最後にもうひとつ、臨床美術がもたらす「豊かな心の喜びと交流」

について別の面から説明している考え方を紹介しましょう。

茨城キリスト教大学教授でカウンセリング心理学が専門だった故鈴木研二先生の提唱された「蓋（ふた）と垣根」の理論です。彼によると、前述したロジャーズの3条件などがなぜ大切かというと、それによってクライエントの「心の蓋が開く（あく）」からなのです。「心の蓋は（自ずから）開く」のであって、「心の蓋を開ける」のではありません。開けようとすると却って「閉まる」のです。

この理論の最大のポイントは、「心の蓋が開く」ことと「垣根が下がっていく」ことは同時に起きている、「蓋と垣根は一緒に動く」と言っているところです。心が開放されていくとき、両者の間にある垣根は限りなく低くなっていく。五感を豊かに働かせ心が開かれていく「臨床美術」の体験は、同時に他者との垣根が低くなり、「相互交流」を豊かなものにしていくのです。

以上、主にカウンセラーの立場から、関根先生が書かれた本書の意義について述べさせていただきました。臨床美術士やその関係者だけでなく、あらゆる対人支援の活動に携わっている方々、またカウンセリングや人間関係に関心をお持ちの方々に、本書を心よりお薦めしたいと思います。

寄稿

「美術の喜びをすべての人に」

画家
一般社団法人ＡＲＴ Ａｌｏｎｇ代表理事
日本臨床美術協会認定臨床美術士

フルイミエコ

私は絵を描くことを仕事にしています。関根一夫先生の著作に文章を書かせていただける光栄に感謝して、美術について考えることを二つ述べたいと思います。一つは創作の喜びは誰にでも開かれたものであるということ。もう一つは芸術の社会的な役割とは何だろうということです。

「創作の喜びについて」

私は絵描きとして創作を続けており、30代の終わりに臨床美術に

プロフィール
フルイミエコ

１９６８年大阪生まれ。京都市立芸術大学大学院美術研究科修了。高校美術講師として19年勤務。描くことによる心の解放や思索の深まりは人の生来的な喜びであるとの考えのもと、自ら創作を行いつつ、アートを一緒に楽しむことで人と人との共感を広げる活動を展開。２００６年に日本臨床美術協会認定臨床美術士となり、京都〈臨床美術〉をすすめる会、後に同ネットワーク代表として関西での臨床美術の普及に努める。京都府立医科大学神経内科の脳いきいきアート講座を14年担当。２０２２年に臨床美術士１級資格を取得。同６月「アートを味方に！」を合言葉に一般社団法人ＡＲＴ Ａｌｏｎｇを

出会いました。「感じれば誰でも描くことができる」という金子健二先生の言葉には、私が考える美術の本質が示されていると感じ、同時にそれがただの理想ではなく本当に実践されるのかどうかという点には、未知の感覚を抱いて臨床美術士の道へ進みました。

先に私自身の原体験に少し触れたいと思います。私の専門は油絵ですが、学生時代にアトリエで創作しながら気がついたことがあります。描くことは自分に返ってくるものが多いということです。自らの精神が膨らんだり萎んだり、アトリエにいながらも何故かいろんな場所に視点が移るような感覚がありました。気になっている物事について新たな見方が浮かんできたり、俯瞰して見えたり、いろいろなことが起きるのです。ある時、そういう経験自体が自分にとってかけがえのない時間となっていることに気が付きました。その日に多少嫌なことや心配なことがあっても、絵を集中して一定時間描き続けると、少し心が違う場所に移動して気持ちが軽くなるのです。これは描く行

関根一夫氏、水野敏樹氏らと共に設立し代表理事に就任。現在は宝塚大学看護学部非常勤講師。京都府立医科大学医学部看護学科非常勤講師。アトリエ苗主宰。画業は百貨店の展覧会を中心に作品発表。2023年伴走型支援士の資格を取得。

Webサイト
・ART Along
https://art-along.wixsite.com/
・フルイミエコ
https://www.furui-mieko.com/

為が人に対してもたらしてくれる、とても良い出来事だと感じました。描くことが人の根源的な欲求に根付くものだということは、それまでも直感的に感じていました。なぜなら少なくとも幼い頃には、それは恐らく誰にとっても刺激的な面白い経験だからです。しかし今の日本の現状では、大人になっても絵を日常的に描いているという方は決して多くはないでしょう。描くことが精神の安定や視野の広がりに役立つものであるのなら、大人が絵を殆ど描かないということは、私にはとてももったいない気がしました。自分が描くだけでなく、すべての人に描く楽しさを伝えるような仕事もしたいと考えるようになり、しかし方法がわからず時を過ごしましたが、臨床美術と出会って願いが叶いました。私は臨床美術士となって、子ども、高齢者、認知症の方、障害のある方など、様々な年齢や状況の方と一緒に創作をする中で、最初に記した金子先生の言葉「感じれば誰でも描くことができる」がただの理想ではなく、本当にそうだという実感を深めました。やればやるほど興味がわいてくるのを押さえ難く、学びと実践を続けてきました。臨床美術には創作の深まりによる喜びのループが隠されています。テーマである野菜や果物、あるいは思い出などを感じること。そして感じたままに表現すること。さらに表現した自分の作品画面を観て感じ取り、表現の方向性を確認したり変更したり右往左往すること。再び筆を入れて画面上で試行錯誤すること。そうした活動の持続と繰り返しによる表現の深化の喜びが、つまりそれは創造の原型だと思いますが、それらを間引きすることなく真っ直ぐにアートプログラムに入れ込み、そして誰もが取り組めるように考えられているのが臨床美術なのです。

そして関根先生の提唱されている「いてくれてありがとう」の心で行う作品制作が、人と人の繋がりを強め、いかに私たちの毎日の支えになり命を支えてくれるか、コロナ禍を経て私はその重要性に気が付きました。12年続いていた京都府立医科大学神経内科の臨床美術講座では、緊急事態宣言が出てすぐにオンラインでの講座を試みました。私は創作活動では個人の内面体験が重要なのだから、たとえオンラインであっても作り手が表現さえできれば、きっと何かを得ていただけるはずだと考えていました。参加されたのは平均年齢が76歳の方々。初めてのＺｏｏｍにかなり緊張しながら、しかし回を重ねるごとに慣れてきて、６ヶ月間は毎月2回の講座を続け、コロナ禍のつらいながらも新しいチャレンジはどこか楽しさの伴う日々を過ごしました。その後も私は一般社団法人ＡＲＴ Ａｌｏｎｇとしてオンライン講座を続けています。ある方は四国に一人暮らしをされているご高齢の女性で、絵は小学生の頃に先生に下手だと言われて以来全く自信がなかったけれども、今では臨床美術が月1回の楽しみだと話してくれます。距離は離れていても繋がっている喜びはオンラインセッションの恩恵です。

　このたびの関根先生の著作では、表現活動と存在論的人間観の関

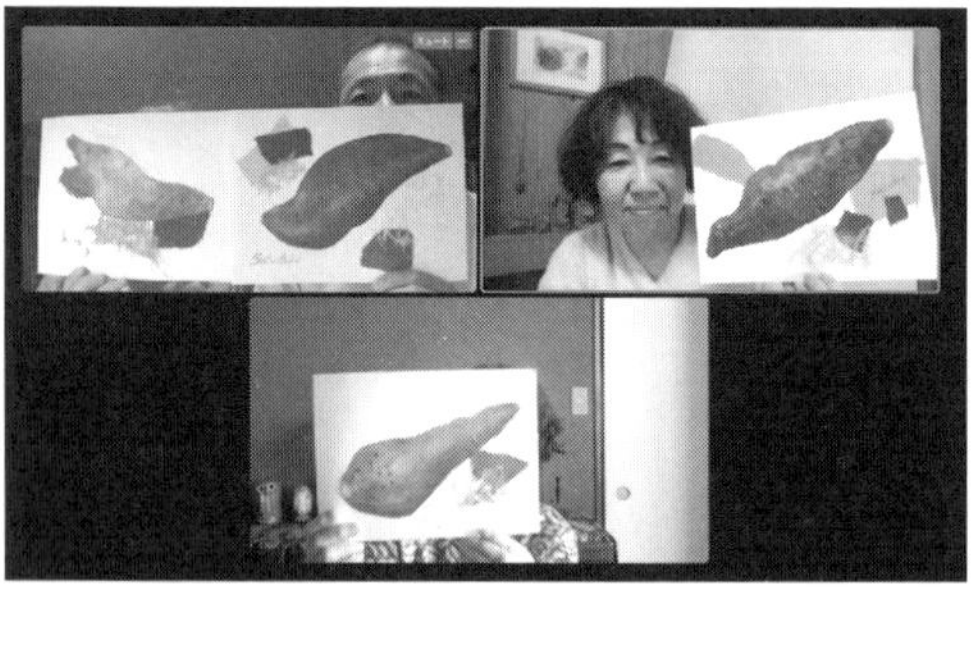

ART Along の
オンライン講座の様子

係の奥にあるものを示していただきました。臨床美術はずっと五感で感じることを大切にしてきましたが、五感で感じ取る行為そのものに、今に集中するマインドフルネスとの共通性があり、自ずと存在論的人間観に近づくという指摘には眼が開かれた思いです。臨床美術の講座がどこでも生き生きしているのは何故かということに、ひとつの答えを示してくださったと受け止めています。

「芸術の社会的役割とは何だろう」

少し唐突なようですが、しかし描くことによる喜びを伝えていこうとする時に、あるいは私自身が絵を仕事にして続けていく上で、この問いは大事だと考えています。今後も多くの方々と一緒に考え続けていきたい問いですので、ここでは問題提起として少し話を広げて述べてみます。

芸術というとちょっと難しいとか、勉強の対象のように感じてしまう方もいるかもしれません。特に美術作品の場合は、例えば美術館では絵を観るよりも、つい説明文を熱心に読んでしまうというのはよくあることではないでしょうか。しかし芸術は感性を通して伝わってくるものです。美術においても作品を目にした時の素直な心の動き、感動を大切にすればいいのだと思います。私はコロナ禍の間に、音楽の力をしみじみと感じた出来事がありました。インターネットでたまたま眼にした映像で、場所はコロナ患者を多く受け入れているイタリアの病院でした。一人のヴァイオリニストが病院の屋上から、ソロで堂々と演奏を響かせたのです。その音色はとても美しく、人々は病院の窓から広場から屋上に目をやって演奏に耳を傾け、ある人はスマホで撮影し、ある人は祈り、皆が見守る中で演奏が続きました。私は感動で胸を強く打たれ自然に涙が溢れました。そしてそこに芸術の力と役割が示されていると感じられました。コロナ禍であるということを一瞬忘れさせるような空気が漂っていたと思います。そして人々は医療関係者だったり、患者だったり様々な立場にいて、思想信条も異なる人であったでしょう。でも音楽によって全員が唯の受け取る人になり、一瞬の間ではありますがお互いがヒューマンとして対等な場が実現しているように感じたのです。素晴らしいものに出会った感動、ここに居ることができたことへの感謝。私たちは同じ命であるという事実への立ち返り。私はこれこそ芸術が私たちに与えてくれる大きな贈り物ではないかと感じました。最近印象的だったこととして音楽について述べていますが、美術においても同じことが言えるだろうと思います。私たちは美術展や画廊で作品と出会えますが、歴史的な巨匠の作品でも、現代作家の作品でも、素晴らしい作品に出会うと私たちは圧倒され、出会えて良かったと感じます。ただ、美術の場合はドッカンとしたインパクトだけでなく、ジワーとゆっくりしみじみ後から後からも伝わってくるという、音楽とのスピード感の違いがあると思います。また大勢で一緒に体験するというよりも、一人ひとりが静かに作品と向き合い、非常に個人的に受け取るという感じだと思いますが。それでも、やはり専門家の仕事は感動の増幅器のようであり、作家の感性が洗練された技に支えられて伝わってくるのです。

そして実は私たちが感動を受け取れるのは、専門家の表現からだけではありません。私たちが自ら表現してお互いの表現に触れ、相手のあるがままを認め合えるならば、ここに居合わせたことを喜び合い、良かったなと思える場が生まれます。これは私が臨床美術を18年続けて現場で実感したことです。ある認知症の女性は自分が描いたことを忘れてしまった作品でも、毎日その絵を観ては家族の前で「この絵は誰が描いたか知らないけども、とてもいい絵だわ」と褒めていたそうです。彼女の感動が本物なのは、絵を描く行為が描き手にとって常にチャレンジであり、いつも新しい体験であるからに他なりません。美術という様式は古代から繰り返されていますが、今ここにいる私とあなたはたった一人の人だから、生まれてくるものはいつも新しいわけです。感性を響かせて渾身で表現された作品は唯一無二であり、作品が何度でも自分を感動させるのです。そしてどんなに偉大な芸術作品でも、もともとは一人の人が思いを形にするべく表現を試みて、洗練された結果だということを忘れずにおきたいと思うのです。たった一人の心から表現は生まれ、同じ地平の果てに専門家の作品もあります。私が絵描きなので、私自身が「絵は誰でも描ける」と話すことに違和感を覚える方がたまにおられるようですが、専門家の仕事を認めることと、感じれば誰でも描けると認めることには、全く矛盾がありません。むしろ美術の本質に関わることであり、これからの未来を展望する時にも、私はこの両面が大事だと考えています。つまり私たちは常に作る人と観る人に分かれているのではなく、誰もが作る人になれるし、観て受け取る人になれるのです。美術は時代の形の中で様々な役割を担ってきました。時には宗教や政治との関わりで役目があり、一般の庶民が美術作品に触れられない時代もありました。しかし現代において美術は、個人の動機で制作されることが当然のこととなり、間違いなく自己表現の一つの形です。表現することで他者との共感が得られるならば、美術は自らを励まし勇気づける大切なツールになるでしょう。そして新たな作り手は、より深く美術を受け取り楽しむ人にもなるはずです。美術を楽しむ心の広がりは、作り手が増えていく可能性をさらに高めます。両者が相乗的に発展することで、美術に新しい地平を開くに止まらず、作品を通じた相互理解は人々の生活を助け、世界に豊かさをもたらすに違いないと考えています。特に今の社会との関わりで、五感を通じての感じ取りと、「線を描く」「色を塗る」など素材に直に働きかける表現活動が、私たちの感性を守り耕す為に重要だとの関根先生の指摘は、現代的な課題に対して美術がもつ可能性を示されたものとして、私は大いに共感します。表現を通じて自分と他者のありのままを受け入れて、「いてくれてありがとう」の心で繋がる関係が広がっていくならば、美術は現代社会において人間性の回復に、大きく寄与できるのではないかと感じています。

臨床美術を始められた金子先生と、いま新たな局面を指し示してくださった関根先生。お二人に感謝して私も表現者として描き続け、描く喜びを広げていく一人として、仲間と共に歩みを続けていきたいと願っています。

〔掲載写真〕　２０２４年３月に京都で開催された「生きるを励ますアート～臨床美術作品展」（主催：一般社団法人ＡＲＴ Ａｌｏｎｇ）には、大人、子ども、認知症や障害のある方、元薬物依存の方などの制作した作品が３２０点並び、個性あふれる表現が来場者の目を楽しませました。

COLUMN

写真考　その1

私が特にカメラと写真に興味をもったのは、オーストラリアの神学校で学んでいる頃、先輩のJohn Dunnという人の撮った汽車の写真や風景写真を見て、感心したことから始まったように思います。

彼は、電車をデザインする技術者でもあり、設計者でもありました。

モノクロの写真が多かったのですが、そこには彼の「宝物」のような汽車の大事な部分や学校周辺の景色が撮されていて、見ていて飽きることがありませんでした。

楽しそうに写真について語ってくれている先輩を見ながら、写真はコミュニケーションであり、貴重な体験、思い出の記録だなと感じたのです。

それまでも写真は撮っていましたが、なんとなく、本当に思いつくままに撮っていたように思います。

カメラがあるから撮っているという感じです。

「記録」「芸術」「コミュニケーションツール」である写真についていろいろ考えながら、ここ数年、近くの川に住むカワセミを追いかけたり、山々に出かけて行って空や星や木々を見たり、近くの公園や花壇の花を見たりしながら、写真を撮ることを楽しんでいます。

ISO感度とか、シャッタースピードとか、被写界深度とか、そういう内容もずいぶんYouTubeで学びました。

こんなに長く趣味として継続できているものは少ないです。

一時期カメラの機種にもこだわって、目まぐる

里芋の美しさ、形のおもしろさを感じて（著者撮影）

しく機種変更をしてみたり、つまり中古のカメラを買って、それまで持っていたものを下取りしてもらったり。でも、今はだいぶ落ち着いてきました。

最近は、写真を撮る作業は「うまい・へた」ということとはあまり関係なく、撮影している私自身が何を見て、どのように感じ、何に感動しているかを表現するためのとても有益な道具なのだなと感じています。

何が一番変わったかといえば、カメラの機種への関心やこだわりではなく、私の中にある「すごいなぁ、美しいなぁ、壮大だなぁ、鮮やかな色だなぁ」などと反応する心の深まりなのではないかと思います。

鳥たちをじーっと見つめてみる、花たちをしっかり観察してみる、そういう作業の中に、明らか

に今までとは違う「感動」が増してきていること
を感じながらカメラを向け続けています。
臨床美術と同じで、「うまい・へた」という見方
ではなく、何を感じて撮ったのか、自分で納得で
きて、それが分かち合えたらこんなにうれしいこ
とはないと感じながら、今日もカメラをぶら下げて、
ウロウロしています。

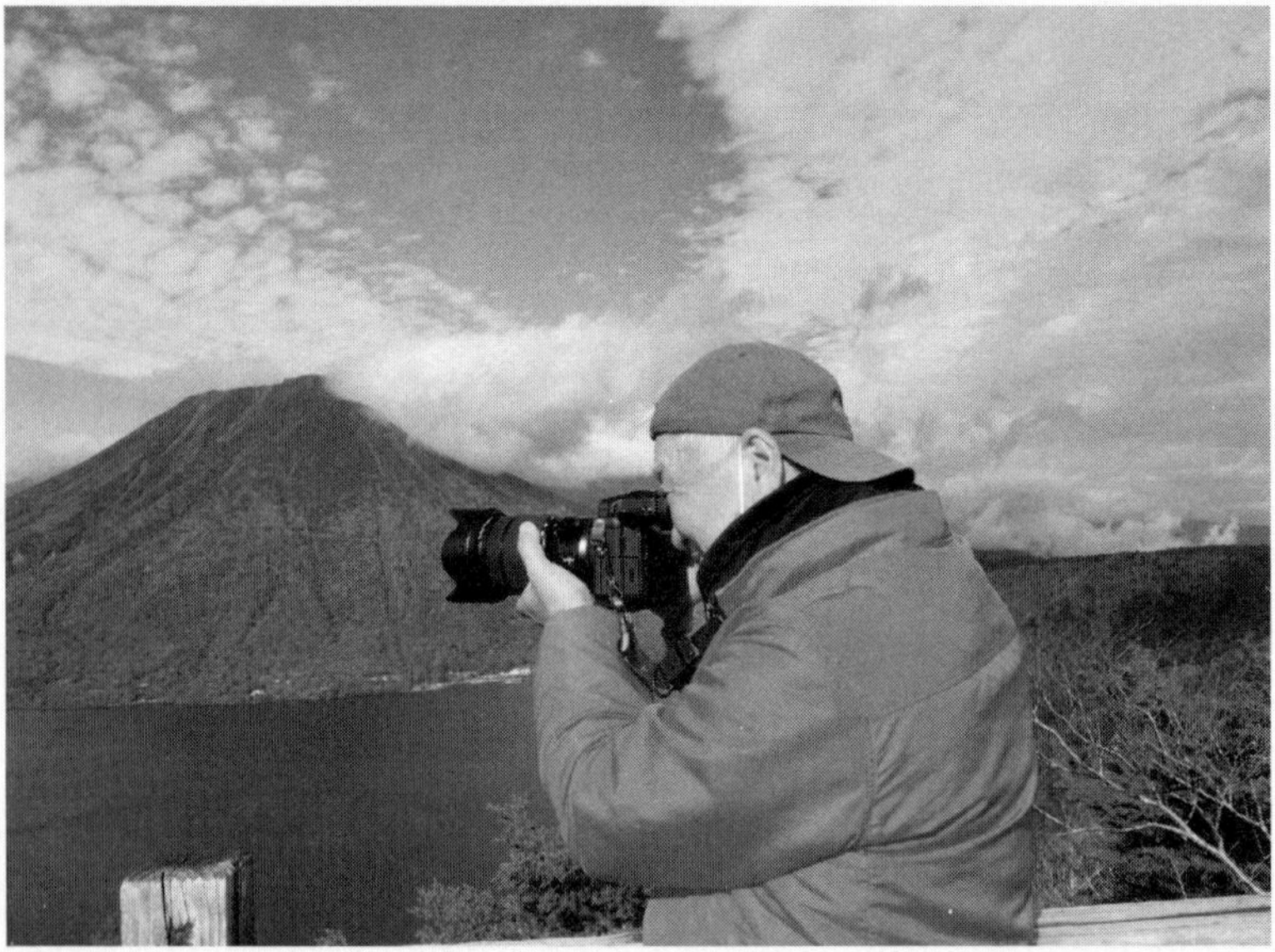

COLUMN

写真考　その2

友人に誘われて恵比寿にある東京都写真美術館に行きました。

「メメント・モリと写真」という展示会が開催されていたのです。

メメント・モリという言葉はラテン語で「死を想え」という意味ですが、古代ローマでは「人間はどうせ死ぬのだから、今をせいぜい楽しめ」という享楽を勧める言葉だったといわれています。

14世紀頃からでしょうか、修道院の中での挨拶の言葉として使われるようになったといわれ、そこでは「人間は、死にゆくものであることを忘れないようにしよう」という意味で使われていました。

この写真展の作品は一つひとつ「死を連想させる」「死を考えないわけにはいかない」鋭いカメラマンの視点が表現されていて、「美しい」と感じる作品の中にも「ある種の無常感」や「不気味なほどの静寂」が漂っています。

見事な写真が並んでいます。

有名なロバート・キャパやユージン・スミス、また澤田数一という人たちのすばらしい作品に目を釘付けにされるほどのものを感じますが、この写真展の中にあった小島一郎（1924－1964）という写真家の作品に私は本当に感動しました。

紹介によると、「戦争から帰ってきた彼は焦土化した祖国の姿に絶望するのですが、ふるさと青森に戻って見た、広くて雪で真っ白な大地で馬を引く農夫たちのたくましい姿に心動かされて、写真をどんどん撮っていった」というのです。

「青森の雪の道を何人かで歩いている風景」「馬と農民と雄大な空と雲」がとてつもなく「自然の中に生かされ、生きている人間像」を表現していて、すごいなぁと思いました。

どれもモノクロ写真なのですが、写真が確かに何かを語っているように思いました。

つまり、それは小島一郎という人のもっている感性が表明されている写真なのです。

彼がこう感じている、こう見えた、この瞬間の中に自分の原風景を感じたという写真を見ながら、見ている私にも迫ってくる説得力がありました。

言葉で伝わるものもありますが、写真で、しかもモノクロで伝わるものの中に「人間の脳を極端に刺激する要素」があるように感じました。

私たちはいつも色彩にあふれた中で生活し、その色自体で大体の雰囲気を感じ取ってしまうのですが、モノクロですと、現代人が慣れている方法では感じ取りにくい何かがあるのだなと思いました。

臨床美術における「鉛筆と紙一枚」の有用性もまた、同じように重要な意味をもつのだなと納得しました。

金子健二先生が言っていた「鉛筆一本と紙一枚があれば臨床美術は実践できる。そこにも可能性と感動はあふれている」という言葉が胸に響きました。

言葉でも、色彩でも、モノクロでも、伝えるべきものは伝えたいなと強く思いました。

COLUMN

美しさへの感動

人は多くの場合、生まれながらに視力、聴力、嗅覚、味覚、触感などいわゆる五感が備わっています。

でも、読み方、書き方、計算の仕方、見方、道順などは学習しながら覚えていきます。

そして、どちらかといえば「読み書きそろばん」の能力を伸ばすことが当然のことであり、社会の要請に応えるためには必須だと考えるようになってきます。

残念なことに、そこに重点が置かれすぎる傾向があり、「視力、聴力、触感」などを活動させて、「美しい」「楽しい」などの感覚を伸ばすことが後回しになっているような気がします。

つまり五感を退化させないまでも、心をワクワクさせる大切な感覚を秘めているものとしての要素を活かすことをせず、それらの感覚が自分の内側に存在していることさえ忘れてしまっているのかもしれません。

花を見て「あ、花だ」と気づくだけでなく、花の色、花弁の形、花弁の内側の様子を観察して、驚くほどの発見をする時間をとってないことが多いのではないでしょうか。

私は臨床美術とカメラで、その美しさへの感動を体感させてもらっています。

COLUMN

金子健二先生との出会い

私が金子健二先生に初めてお会いしたのは、1988年11月16日から30日までの15日間、いわゆる「聖地旅行」でたまたまご一緒したのが始まりです。

エジプト、イスラエル、ギリシャのツアーで、私はずっと金子先生と相部屋で、長時間のバスでの移動の間もずっと一緒でした。

一緒にシナイ山に登り、一緒にガリラヤ湖畔を歩き、ホテルでは先生が日本から持参した味噌汁やラーメンなどを食べながら、ツアーの間ずっと、人生について、教会について、彫刻の世界とキリスト教の世界のギャップについて話し合い、夜の更けるのも忘れて話を続けました。

おかげで昼間の観光ツアーでは、私はよく居眠りをする始末でした。

金子先生は、2週間ずっと、悩みや疑問、将来の夢を語り続けてくれました。

「彫刻家は聖書の世界では偶像をつくっている人のように決めつけられているから、教会では肩身が狭いような気がしています」とか、「いつも何かしら奉仕をしていないと居場所がないような気がしています」というのが大きな悩みの一つ。

そして、「美術の世界にある競争主義による挫折からの脱却」というのが別の大きな課題でした。

私は思いつくままに「芸術の感性は神様がくださったものだから、芸術家はどんどん絵でも彫刻でも自由に作品をつくるべきだ」と語り、「神様って、

イスラエル旅行で金子健二先生（右）と著者（左）

私たちが何か奉仕したから愛するとか、奉仕ができなかったら愛さないとか、そんな小さな心の持ち主ではないと思う、できてもできなくても受け止めてくれる存在だと思う」と私は答えました。

「絵描きと呼ばれる人たちは貧しさには慣れています。でも、どんなにすばらしい絵を描いてもなかなか売れなくて挫折し、絶望して絵筆を折ってしまう作家がたくさんいます。そういう芸術家が、たとえ貧しくても、自分が社会で人のためになる何かを提供できると自信をもつことができれば、きっと生き延びることができるし、その芸術活動をやめなくてもすむわけです。私はそういう人を応援したいのです」と熱っぽく語っておられた金子先生。

その姿勢は生涯変わりませんでした。

そして、「競争主義の芸術ではなく、共に生きる

金子健二先生（左）、著者（右）

芸術を」の実践は、まさに臨床美術の中に花開いたといえると思います。

エジプト、イスラエル、ギリシャと移動しながら、ホテルの同じ部屋で過ごした2週間。私たちは味方、同志になりました。

その後、金子先生とは臨床美術の立ち上げのための研修や実践のために、日本各地に、またオーストラリアにまで一緒に出かける機会を得ました。

言葉においても態度においても、美術の感性においても、ズバ抜けて説得力のある、存在感の大きな方でした。

COLUMN

マインドフルネス探求

大学院の授業の一つに原書講読というのがあって、私は宗教学の専攻でしたが、「無量寿経」というお経をパーリ語で読むということをしました。

そもそもパーリ語の存在さえもよくわかっていなかった私には苦痛の時間であり、辞書がないと、一言もわからないという時間でもありました。

でも、その文章の意味を調べ、その意味を理解したことで、その内容をわかったつもりにならないで、ずっと思い巡らしなさいという作業は、「言葉と向き合う」という意味では印象深い出来事でした。

私の論文指導担当をしてくださった教授は、玉城康四郎という仏教学の大家でした。

「意味としては、それは正しいのだろうが、その言葉があなたに何かを語りかけてくるのを待つように」という指導で、最初は狐につままれたような気分になったことを覚えています。

観察と気づきの世界への第一歩だったと思います。

私は、「観想の世界」については、それまであまり大切にしてこなかったように思います。

実は、私が大学院に行ったのは牧師になってから7年後のことでした。

いわゆる社会人学生だったのですが、とても新鮮にいろいろなことを学び直す時間になりました。

玉城教授との出会いは、まさにそれまでの発想とは違うものへの入口だったように思います。

「仏教には座るという形があるけれども、キリスト教の中には、そういう形が足りないように思う」と率直に語ってくださったとき、私は何を言われているのかよくわかりませんでした。

それは「言葉の理解」を超えたところで感じ取る「観想の世界」。瞑想や黙想を通して「今」「ここ」「あるがまま」を見つめ直す世界の大切さに気づかされた出会いでした。

その後、しばらくして、カトリックの修道会で行われているヴィパッサナー瞑想を中心にした黙想会への誘いを受け、大いに刺激を受けました。

友人からの紹介で『大いなる沈黙へ』(フィリップ・グレーニング監督、ミモザフィルムズ配給、2014)というドキュメンタリー映画にも大きな衝撃を受けました。

フランスの奥深い山の中にある厳格な修道院で、初めて撮影を許可されたという映像でした。

完全な沈黙の中で修道士たちが聖書の言葉を読んで黙想し、瞑想し、語りかけを待っている姿が淡々と映されていました。

入門を願ってやってきた若い修道僧が許可されるまでの間の、いわば見習い期間のときの表情と、訓練期間が終わって修道院に入ることが許されたときの表情の大きな違いには、目を疑うほどびっくりしました。

そこには明らかに輝きがあったからです。

彼らはほぼ完全に「個室に暮らし、ほぼ無言の中で祈りと聖書の言葉と向き合う」だけの生活だったはずなのに、あの輝きは何だろうと不思議に思ったことも「マインドフルネス」への興味を深めてくれました。

玉城教授が生前、座禅会に通っていたという鎌倉の円覚寺にも出かけ、そこの住職とも面談し、あれこれ宗教談義をし、座禅会にも参加しました。お坊さんの凛とした姿勢に、圧倒される思いがしました。

観察、感じ取り、「今」「ここ」「あるがまま」への集中と気づき。

これは、生きている間、ずっと意識的に継続されるべき修行の道だなぁと思います。

著者の心の原点となったBible College of South Australia

COLUMN

木村伸先生との出会い

木村クリニックが開設されて2023年で20年目になります。

私は開設当初からカウンセラーとして迎えられ、一緒に働かせていただいてきました。

木村伸先生との最初の出会いは臨床美術を始めるための相談会のときでした。

大宮市で緊急医療の働きを稼働させ、大勢の人たちを助けてきた忙しい先生だというお話を聞いていました。

忙しい中でも最初の数か月、木村先生は臨床美術に参加し、家族や患者さんと一緒に過ごす時間をつくっておられました。

そして、こんなことを述べておられます。

「たいてい、病院で医者は家族の話を『はい、はい』と聞いておきながら、それとは違う意見を言うみたいなところがあるじゃないですか。自分は全部知っているみたいなところがあったけれど、臨床美術をやってみて、実は家族の思いは全然違うと。家族に教えられることが多々ありました。そういう点で、今まで自分はコントロールできると思ったことが、すごく恥ずかしくなってきました。それは全然違ってきました。

それからいろいろな家族の悩みを見ていると、病気がよくなる、治療をよくするというのが最初は目標だったけれど、それは意味がないなと途中で気がつきました。

それよりも違う答えがどこかにあるなと。

木村伸先生（左）、著者（右）

納得する生き方とか納得する治療というのはあるだろうと。

納得というのはいろいろな意味があって、家族にとっては患者が治ることが納得なのか、自分の努力に対しての納得なのか、自分の運命を受け入れるということについての納得なのか。

患者にとっても非常にあいまいな基準だけれども、実はこれが生きるために一番大事な基準なんだなと。そこを治療手段として、オプションとして、いろいろ出せるようになった。

そうした幅が広がったかなというのはあります。当時はそういう考え方を医師がもっていなかったですね。病気を治すというだけの話だった」

私はとても感動しました。

病気の治療、根絶だけを目標にしない医師がいるという発見に私の心は躍りました。

木村先生はクリニックを開設する前から、臨床美術ができるデイサービスの施設をつくりますと話していて、同時に私に「今度のクリニックにはカウンセリング室をつくりたいと思っていて、そこには関根先生に来ていただきたいのでよろしくお願いします」と話しておられました。

私は最初冗談だと思っていました。

でも、出来上がったクリニックにはきちんとカウンセリング室がありました。


臨床美術での働きでお会いしてから10年、クリニックでの働きを通して20年、もう30年以上のおつきあいになります。

あれこれ話し、一緒に食べ、一緒に出かけたりしましたが、先生とはいつもおだやかな関係が継続しています。

まさに、医療に無縁だった私をクリニックの中に引き入れ、引き受け、丁寧に大勢の方々との相談に関わらせてくださっています。

まさに私の大恩人です。

最初はキリスト教嫌い、牧師嫌いだった木村先生と30年も友だち、味方として働くことができたことを心から感謝しています。

それもこれも、木村先生が臨床美術に出会ったことから始まりました。

COLUMN

クリニックとアールブリュ

木村クリニックでは併設されている通所リハビリテーション施設アールブリュでデイサービスが開かれています。

そこで働いているスタッフは全員が臨床美術士です。

午後の時間になると、毎日、臨床美術の時間が始まります。

コロナ禍になる前、私はカウンセリングの時間の合間を縫ってよくアールブリュに顔を出し、ウクレレを弾きながら参加者の皆さんと数曲歌を歌うことを楽しみにしていました。

最初は歌うことを拒否しているような方でも、皆さんがウクレレに合わせて歌い始めると、足でリズムをとり始めたり、少しずつ唇が動いたりすることがあるのですが、そのたびに「やった！」と思うのです。

同時に、そこで行われる臨床美術の時間に参加させてもらい、一緒に作品を制作しました。

アールブリュのスタッフは私の臨床美術の師匠たちです。

いつも感謝しています。

私はカウンセリングの予約の時間があるので、皆さんより早めに終わることが多く、途中で退場してまたあとで制作をするようなこともあるのですが、セッションをリードしているスタッフは実

アールブリュ責任者の高橋淳さん（左）、著者（右）

に寛大に、私の作品をよく見てくれて、きちんと感想を述べてくれるので、参加するたびに心がワクワクするのです。

ある参加者の声、臨床美術をリードしているTさんについて。

「あの人は教え方が実に上手。なんで、こんなことをして意味のある絵が出来上がるんだろうって、いつも思うの。でも、終わってみるとあら、不思議、自分の想像を超えて作品ができるのよねぇ。本当に、優しくて、明るくて、まぁちょっとポーッとしているところもあるけれど、一緒にいられてうれしい」

そういう現場を見ることができ、参加させていただけていることに私は心から感謝しています。

あとがき

臨床美術が始まった最初の頃、私は自分の役割は家族のための相談を受けること、家族へのカウンセリングだけでよいのだと考えていました。

その役割を果たすために参加し、手伝っているのであって、自分自身にアートは必要だとは思っていませんでした。心の奥底に美術に対しての偏見がありました。それは「うまく描けなければ意味はない」という偏見です。当時、私の心にはうまく描ける自信はまったくありませんでしたし、臨床美術のスタッフも忙しそうでしたし、私には縁遠い感じの世界でした。

認知症の方々が描いたものを見ても、それがどういう意味なのか、それによって本当のところ何が起こっているのかさっぱりわかりませんでした。

アートは実体験がないと、心に深く自分と関連性があるものとして理解することは難しいです。いくら美術館に足を運ぶことが好きでも、時間を割いて自分で絵の具やパステルで制作してみないと、自分にとっての意味深いアートにはならないのです。

「見ると聞くとは大違い」という言葉があります。美術については「見ると描くとは大違い」と言えるかもしれません。

私にとっては臨床美術士たちが開催してくれた展示会への誘いが、私の臨床美術自体との関わりを変えました。また、木村クリニックに併設されているアールブリュでの臨床美術体験も、私のアートへの理解をまったく変えてくれました。

つまり、私自身が「変わった」のです。五感による観察とマインドフルネス的な気づきを大切にして臨床美術に臨むと、自然に「存在論的人間観」の世界に入っていることがわかります。

金子健二先生は「競争主義の芸術ではなく、共に生きる芸術」を貫こうとしていました。

いわゆる機能論的なものではなく、存在論的なアートを目指したのです。

今回、私は金子先生が始めた「競争主義の芸術ではなく、共に生きる芸術」を「五感による観察」「マインドフルネス的な気づき」という言葉でさらに意識を前に進めたいと思いました。

感覚の濃淡こそあれ、誰もがもっている感性に響かせながら心を整え、生きるを励ますアートとしての臨床美術の核心を、部分的とはいえ文章化することで明確にしたいと思ったのです。

ここで、本書に寄稿してくださった独立行政法人地域医療機能推進機構京都鞍馬口医療センター院長であり、京都府立医科大学特任教授の水野敏樹先生、笠間の森カウンセリングルーム代表の永原伸彦先生、画家で臨床美術士のフルイミエコさんに心から感謝申し上げます。それぞれのご専門の分野から本書に寄り添う心で寄稿文を寄せていただき、この本がさらに内容の濃いものになりました。

さらにもう一人、寄稿文を書いてくださった方がおられます。元富山福祉短期大学学長、銀の櫂アートスタジオ創始者、日本臨床美術協会副理事長、臨床美術学会副会長の北澤晃先生です。

教育学の視点から臨床美術を研究し、どのようにしたら、「いてくれてありがとう」の精神をカリキュラムや方法論の中に取り込めるのかを熱心に研究しておられました。北澤先生には闘病中にもかかわらず寄稿文の依頼を快くお引き受けいただき、まさに心を注ぎ出して貴重な論文を寄せてくださいました。

しかし、病状が急変し、２０２４年1月21日にご逝去されました。

仲間、同志、味方、そして師匠のような存在でした。残念でなりません。

北澤先生に心からの感謝と追悼の意を表します。また、ご遺族の皆様に慰めを心から祈ります。

私を仲間と信じて開院以来20年間、カウンセリングルームを提供してくださっている木村クリニック院長の木村伸先生とスタッフの皆さま、通所リハビリテーション施設アールブリュのスタッフの皆さまに心から感謝申し上げます。

本著の出版にあたり、企画と内容構成に協力してくださった一般社団法人ARTAlong代表のフルイミエコさんはじめ仲間たちに心から感謝します。

私の文章と格闘し、本に仕上げてくださった株式会社クリエイツかもがわの岡田温実さん、本当にありがとうございます。

伴走型支援者の大先輩であり、尊敬する日本バプテスト連盟東八幡キリスト教会牧師、認定NPO法人抱樸理事長の奥田知志先生には、本書の帯にお言葉をいただきました。快諾いただけたこと、内容の的確なこと、本当にありがたく感謝いたします。

そしてすべての臨床美術士の仲間たちに、ここまでお読みくださった読者の皆さまに「いてくれてありがとう」をお届けしたいと思います。

「微笑み」という詩を添えて——。

「微笑み」


微笑みはお金を払う必要のないものですが、相手にとって非常に大きな価値をもつものです。

微笑まれた人を豊かにしながら、微笑んだ人は何も失いません。

フラッシュのように瞬間的に消えますが、記憶は永久にとどまります。

どんなにお金があっても、微笑みなしには貧しく、いかに貧しくても微笑みの功徳によって富んでいます。

家庭には平安を生みだし、社会では善意を増し、二人の間では友情の合言葉となります。

疲れた者には休息となり、失望する者には光となります。

悲しむものには太陽、いろいろな心配に対しては自然の解毒剤の役割を果たすのです。
しかも、買うことのできないもの、頼んで得られないもの。
借りられもしないかわりに、盗まれることもないものです。
それは、自然に現われ、与えられるまで存在せず、値うちもありません。
もし、あなたが誰かに期待した微笑みが得られなかったら不愉快になるかわりに、
あなたのほうから微笑みかけてごらんなさい。
実際、微笑みを忘れた人ほど、
それを必要としている人はいないのですから。

（作者不詳）訳　関根一夫

特定非営利活動法人 日本臨床美術協会

日本臨床美術協会は、臨床美術を通じて高齢者やそのご家族、子どもたちをはじめ、広く感性豊かで健やかな社会を創出することを目的として設立された特定非営利活動法人です。臨床美術研究の支援と、臨床美術士の社会的地位確立により、多くの方が臨床美術による人生の喜びを享受できる社会を目指します。

1. 「臨床美術士」の資格認定
2. 臨床美術の普及
3. 地方自治体の介護予防事業支援
4. シニア世代の豊かなセカンドライフをサポート
5. 臨床美術士の人材育成

〒251-0047
神奈川県藤沢市辻堂1-9-3　湘南エミネンス（ShonanEminence）3階
TEL 050-6865-3701（電話受付 平日 9:30-18:00）／ FAX 050-3737-9007
Email association@arttherapy.gr.jp
http://www.arttherapy.gr.jp/

株式会社 芸術造形研究所

臨床美術を様々な方々に実践する人が「臨床美術士（クリニカルアーティスト)」です。臨床美術士は資格取得講座の各資格取得コース（5級〜2級）を受講し、芸術的手法、コミュニケーション術、多様性を享受するマインドなど、臨床美術に必要な知識と技能を体系的に学び習得した専門家です。
臨床美術士の資格取得については株式会社芸術造形研究所にお問合せください。「臨床美術」及び「臨床美術士」は、日本における株式会社芸術造形研究所の登録商標です。

〒101-0062
東京都千代田区神田駿河台2-1 OCCビル7F
TEL 03-5282-0210 ／ FAX 03-5282-7307
https://www.zoukei.co.jp/

著者プロフィール

関根一夫（せきね かずお）
牧師・カウンセラー

1949年、埼玉県生まれ。日本大学文理学部哲学科卒業、Bible College of South Australia卒業、聖契神学校専攻科修了、日本大学大学院哲学専攻博士前期課程修了。オーストラリアでの留学体験によって「いてくれてありがとう」の精神を学ぶ。大学院では仏教学者玉城康四郎教授による無量寿経講読や坐禅の意義などの指導を受ける。
鹿沼キリスト教会牧師、お茶の水クリスチャンセンター主事、東京コンピュータ専門学校校長などを歴任。
1987年にミッション・エイド・クリスチャン・フェロシップ（MAFC）という教会を開拓し現在に至る。作詞家としてシンガーソングライターの岩渕まことさんと250曲ほどの讃美歌や歌詞を創作。

1996年、金子健二・木村伸・西田清子諸氏とともに臨床美術設立に携わり、介護家族のためのカウンセリングを担当。日本臨床美術協会副理事長を歴任。
2003年から現在まで埼玉県伊奈町にある医療法人社団信悠会木村クリニックにてカウンセラーとして協力。

2016年に実際に臨床美術を体験し、臨床美術士養成講座を受講。そのワクワク感に魅了され、「いてくれてありがとう」と「臨床美術活動」の関係性を明確に意識する。

2018年以降、カトリック教会の植栗彌神父・柳田敏洋神父らからヴィパッサナー瞑想の指導を受ける。

2022年から一般社団法人ART Along*の副理事長、および特定非営利活動法人アート・ウイズ・ライト臨床美術副理事長。

現在、MACF牧師として説教を続けつつ、木村クリニック理事並びにカウンセラーとして様々な相談を受けている。

作詞家、YouTuber、フォトグラファー、そして伴走型支援士でもある。

＊一般社団法人 ART Along
2022年設立。「アートを味方に!」をメインコンセプトに、すべての人が創る喜びを享受できる社会を目指して活動しています。
E-mail artalong.net@gmail.com
Web サイト https://art-along.wixsite.com/website

生きるを励ますアート

五感・マインドフルネス・臨床美術

2024年5月15日　初版発行

著　　者●Ⓒ関根一夫　Kazuo Sekine
構成協力●一般社団法人 ART Along
発行者●田島英二
発行所●株式会社 クリエイツかもがわ
〒601-8382 京都市南区吉祥院石原上川原町 21
電話 075(661)5741　FAX 075(693)6605
https://www.creates-k.co.jp
郵便振替　00990-7-150584

装画●フルイミエコ
装丁・デザイン●菅田　亮
印刷所●モリモト印刷株式会社

ISBN978-4-86342-368-8 C0070　printed in japan

好評既刊本

定価表示

絵本 子どもに伝える認知症シリーズ 全5巻　藤川幸之助／さく

認知症の本人、家族、周囲の人の思いやつながりから認知症を学び、こどもの心を育てる「絵本こどもに伝える認知症シリーズ」。園や小学校、家庭で「認知症」が学べる総ルビ・解説付き。

ケース入りセット 9900円（分売可）

『赤ちゃん キューちゃん』 宮本ジジ／え　1980円

おばあちゃんはアルツハイマー病という脳がちぢんでいく病気です。子育てしていた若いころが一番楽しかったおばあちゃんは、セルロイド人形のキューちゃんといつも一緒です。孫の節っちゃんから見たおばあちゃんの世界や家族のかかわりとは、節っちゃんの思いや気づきとは…。

『おじいちゃんの手帳』 よしだよしえい／え　1980円

このごろ「きみのおじいちゃんちょっとへんね」と言われます。なぜ手帳に自分の名前を何度も書いてるの？ なぜ何度も同じ話をするの？ でも、ぼくには今までと変わらないよ。

『一本の線をひくと』 寺田智恵／え　1980円

一本の線を引くと、自分のいるこっち側と関係ないあっち側に分かれます。認知症に初めてであって、心に引いた線はどうかわっていったでしょう。これは認知症について何も知らなかったおさない頃の私の話です。

『赤いスパゲッチ』 寺田智恵／え　1980円

おばあちゃんと文通をはじめて4年たった頃、雑に見える字でいつも同じ手紙としおりが送られてくるようになりました。まだ59歳のおばあちゃん、わたしのことも、赤いスパゲッチのことも忘れてしまったの？

『じいちゃん、出発進行！』 天野勢津子／え　1980円

ある日、車にひかれそうになったじいちゃんの石頭とぼくの頭がぶつかって、目がさめるとぼくはじいちゃんになっちゃった!? スッスッと話せない、字が書けない、記憶が消える、時計が読めない……。お世話するのがいやだった認知症のじいちゃんの世界を体験したぼくと家族の物語。

ヤングでは終わらないヤングケアラー

きょうだいヤングケアラーのライフステージと葛藤　仲田海人・木村諭志／編著

3刷

閉じられそうな未来を拓く――ヤングケアラー経験者で作業療法士、看護師になった立場から作業療法や環境調整、メンタルヘルスの視点、看護や精神分析、家族支援の視点を踏まえつつ、ヤングケアラーの現状とこれからについて分析・支援方策を提言。

2200円

子ども・若者ケアラーの声からはじまる　**ヤングケアラー支援の課題**

斎藤真緒・濱島淑恵・松本理沙・公益財団法人京都市ユースサービス協会／編

2刷

事例検討会で明らかになった当事者の声。子ども・若者ケアラーによる生きた経験の多様性、その価値と困難とは何か。必要な情報やサポートを確実に得られる社会への転換を、現状と課題、実態調査から研究者、支援者らとともに考察する。

2200円

https://www.creates-k.co.jp/

好評既刊本　　定価表示

まるちゃんの老いよボチボチかかってこい！

丸尾多重子／監修　上村悦子／著

兵庫県西宮市にある「つどい場さくらちゃん」。介護家族を中心に「まじくる（交わる）」場として活動を20年続けきた著者が、ある日突然、介護する側から介護される側に！ 立場がかわってわかったことや感じたこと、老いを受け入れることの難しさ、大切さを語ります。

2200円

認知症介護の悩み引き出し52　「家族の会」の“つどい”は知恵の宝庫

2刷

公益社団法人認知症の人と家族の会／編

認知症にまつわる悩みごとを網羅した52事例
介護に正解はない。認知症のある本人、介護家族・経験者、「家族の会」世話人、医療・福祉の専門職をはじめとした多職種がこたえる。「共感」を基本とした複数のこたえと相談者のその後を紹介。

2200円

全国認知症カフェガイドブック

認知症のイメージを変えるソーシャル・イノベーション　コスガ聡一／著

「認知症カフェ」がセカイを変える――個性派28カフェに迫る　全国の認知症カフェ200か所以上に足を運び、徹底取材でユニークに類型化。さまざまな広がりを見せる現在の認知症カフェの特徴を解析した初のガイドブック。武地一医師（藤田医科大学病院、「オレンジカフェ・コモンズ」創立者）との対談も必読！

2200円

必携！認知症の人にやさしいマンションガイド

多職種連携からみる高齢者の理解とコミュニケーション

一般社団法人
日本意思決定支援推進機構／監修

「困りごと」事例から支援や対応のポイントがわかる。居住者の半数は60歳を超え、トラブルも増加しているマンション。認知症の人にもやさしいマンション環境をどう築いていくか。認知症問題の専門家とマンション管理の専門家から管理組合や住民のみなさんに知恵と情報を提供。

1760円

実践！認知症の人にやさしい金融ガイド

2刷

多職種連携から高齢者への対応を学ぶ
一般社団法人日本意思決定支援推進機構／監修　成本迅・COLTEMプロジェクト／編著

認知症高齢者の顧客対応を行う金融機関必携！　多くの金融機関が加盟する「21世紀金融行動原則」から、金融窓口での高齢者対応の困りごと事例の提供を受け、日々高齢者と向き合っている、医療、福祉・介護、法律の専門職が協働で検討を重ねたガイド書。

1760円

認知症ケアと予防に役立つ 料理療法

2刷

湯川夏子／編著　前田佐江子・明神千穂／共著

高齢者にとって料理は長年慣れ親しんできた日常生活の一端です。それを通して楽しみとやる気を得、役割を担うことで精神面での向上につながります。心と身体に栄養を！施設や地域、自宅でLet's Try!　高齢者施設で人気のメニュー＆レシピ14品を紹介。

2420円

グリーフケア・スピリチュアルケアに携わる人達へ　ケア者のための必読書

髙木慶子・秋丸知貴／著

グリーフケア・スピリチュアルケアの先駆者であり第一人者である髙木慶子氏のケアマインドとケアメソッドを詳細に解説。『グリーフケア入門』から10年、中級者・実践者向けの最新の社会動向・研究動向も盛り込んだ続編。

3080円

https://www.creates-k.co.jp